글로벌 빅데이터 경쟁에서 살아남는 법

빅데이터 전쟁

빅데이터 전쟁

지은이   박형준
펴낸이   최승구
펴낸곳   세종서적(주)

편집인   박숙정
편집국장 주지현
기획·편집 윤혜자 조승주 정은미 이진아
디자인   조정윤
마케팅   김용환 김형진 황선영
경영지원 홍성우

출판등록 1992년 3월 4일 제4-172호
주소   서울시 광진구 천호대로 132길 15 3층
전화   영업 (02)778-4179, 편집 (02)775-7011
팩스   (02)776-4013
홈페이지   www.sejongbooks.co.kr
블로그   sejongbook.blog.me
페이스북   www.facebook.com/sejongbooks

초판 1쇄 발행 2015년 8월 31일

ISBN 978-89-8407-511-5 03320

이 도서의 국립중앙도서관 출판시도서목록(CIP)은 서지정보유통지원시스템
홈페이지(http://seoji.nl.go.kr)와 국가자료공동목록시스템(http://www.nl.go.kr/kolisnet)에서
이용하실 수 있습니다.(CIP제어번호: CIP2015022758)

글로벌 빅데이터 경쟁에서 살아남는 법

빅데이터 전쟁

박형준 지음

세종
서적

"모자를 참 잘 그렸구나!"

생텍쥐페리의 『어린 왕자』에 나오는 조종사가 어린 시절 '코끼리를 삼킨 보아 뱀'을 그렸을 때, 그것을 본 어른들은 이렇게 말했다. 아이는 머릿속에 있는 보아 뱀을 그렸지만, 어른들의 관점에서는 모자를 그렸다고 단정 지은 것이다.

모자 그림을 보면서 보아 뱀이 코끼리를 삼켰다고 이해하는 어른이 과연 있을까? 그러나 아이가 그린 그림은 어디까지나 보아 뱀이었다. 보아 뱀을 생각하는 아이와 모자를 생각하는 어른은 당연히 대화의 포인트가 맞지 않고, 따라서 친밀해지는 데도 한계가 있다.

아이가 아무리 코끼리를 삼킨 보아 뱀을 열심히 설명해도 어른은 그 의미를 이해하기가 쉽지 않을 것이다. 상식적으로 뱀이 코끼리를 삼킬 수 있겠는가? 심지어 아이가 그림에 대한 설명을 하지 않는다면? 아이와 오랜 대화를 나누고 아이가 그린 그림을 아무리 많이 본다고 해도, 어른이 아이의 의도를 이해하고 즐거움을 나누는 것은 영영 소원해 보인다.

데이터 분석도 이와 유사하다. 정보량이 증가하고 빅데이터 시장이 크게 성장하고 있는 오늘날, 많은 기업은 자사가 보유한 거대한 양의 데이터를 자랑하며 이것이 기업의 미래 자산임을 강조한다. 그렇다면 데이터의 잠재력은 실제로 발휘될 수 있을까? 아니면 만년 유망주인 운동선수처럼 능력을 발휘해보지도 못하고 시간이 지나 어느 순간 잊히는 건 아닐까?

빅데이터의 잠재력에 대해서는 모두가 믿어 의심치 않지만, 인간에게 가치로 전달되지 않으면 그것은 전혀 의미가 없다. 과연 빅데이터가 인간에게 주는 가치는 무엇일까? 그 답을 얻기 위해서는 먼저 사람들 머릿속에 무엇이 들어 있을까 고민해야 한다.

많은 기업이 '빅(Big)' 데이터로 무언가 대단한 것을 하려고 애쓰지만, 인간에게 가치 있는 것은 그다지 복잡하지 않으며 의외로 그렇게 많은 데이터를 필요로 하지도 않는다. '데이터'라는 어른은 많은 것을 알고 있기에 모든 것을 이해하는 듯 보이지만, '인간'이라는 어린아이의 관심사가 보아 뱀이라는 사실을 전혀 예상하지 못할 수 있다.

시장조사업체 IDC는 '세계 빅데이터 기술 및 서비스 2014-2018 전망' 보고서를 통해 2015년 세계 빅데이터 시장 규모가 약 169억 달러(약 18조 7,330억 원)에 달할 것으로 전망했다. 이렇듯 엄청난 성장의 이면에는 어두운 그림자가 있다. IT 전문기관 가트너(Gartner)

의 조사에 따르면 전체 빅데이터 프로젝트의 4분의 3은 실패하는 것으로 나타났다. 국내 사정도 마찬가지이다. 글로벌 시장에서 빅데이터 서비스 활동은 폭발적으로 증가하고 있지만, 정작 IT 강국으로 알려진 한국은 빅데이터 기술력이 걸음마 단계를 벗어나지 못하고 있다. 한국 기업 10곳 중 8곳은 빅데이터를 활용하지 않는다. 그들은 어째서 데이터 활용에 인색할까? 그 이유는, 많은 빅데이터 사업이 실패하는 것을 경험했기 때문이다.

국내에서 데이터 분석으로 성공한 기업의 사례를 들어본 적이 있는가? 일부 언론에서 신기한 데이터 분석 사례를 다루며 환상을 심어주기도 하지만, 실질적인 성공 케이스는 극히 드문 것이 현실이다. 그 이유는 여전히 많은 기업이 빅데이터 기술을 '아이'의 눈이 아닌 '어른'의 눈으로 보기 때문이다.

처음 빅데이터 분석을 시도하는 기업들은 제조업, 서비스업을 막론하고 대부분 엄청난 양의 빅데이터를 쌓아놓고 의욕적으로 분석 프로젝트에 돌입한다. 거대한 데이터 서버와 분석 솔루션을 도입하며 첨단 기법들을 총동원한다. 그러나 프로젝트가 진행될수록 처음의 의욕은 온데간데없고, 팀원들은 그저 프로젝트가 적당히 마무리되기만을 바란다. 마무리가 가까워올수록 프로젝트의 결과에 대해서는 아무도 입 밖에 내지 않는다. 성과가 나지 않기 때문이다. 그리고 마침내 성과에 대해 물으면 마지못해 '가능성을 보았다'거나 '새로운 통찰을 얻었다'는 등 뜬구름 잡는 듯한 선문답만이 돌아온다.

과거에 수많은 기업이 BI(Business Intelligence)나 CRM(Customer

Relationship Management, 고객 관계 관리) 등의 데이터 분석을 수행했지만, 뚜렷한 성과를 이룬 사례는 전무한 실정이다. 이들이 실패한 까닭은 무엇일까? 가장 큰 원인은 바로 '목적 수립'이 선행되지 않았기 때문이다. 데이터'로부터' 목표를 찾아나가는 프로젝트는 언제나 실패한다. 데이터는 '수단'일 뿐이다. 따라서 필자는 기업 데이터 분석 시 늘 이렇게 강조한다.

"먼저 목적을 명확히 하라. 그런 다음 목적에 의해 데이터가 끌려가게 하라. 데이터에 의해 목적이 끌려다니면 반드시 실패한다."

차례

1부

데이터를 버려라

글로벌 데이터 전쟁

데이터 전쟁, 피할 수 없다

베짱이가 개미를 이기는 시대

이솝 우화「개미와 베짱이」를 보면, 겨울에 대비해 음식을 모으는 개미와 따뜻한 계절 동안 노래를 부르며 시간을 보낸 베짱이에 대한 이야기가 나온다. 겨울이 오자, 베짱이는 굶주림에 시달리다 개미에게 음식을 구걸하고 개미는 베짱이의 게으름을 비난한다.

현대 글로벌 비즈니스 세계에서도「개미와 베짱이」의 교훈이 그대로 적용될 수 있을까? 적어도 빅데이터 분야에서는 정반대이다. 현대에는 열심히 모으는 기업보다는 자유롭게 소비하는 기업이 살아남기 때문이다. 과거 '성장 강박증'에 걸린 생산 중심의 경제관념으로는 이해할 수 없는 현상이다. 현대 빅데이터 전쟁은 '소비하는' 전쟁이다.

현대는 물질과 정보의 과잉 시대이다. 과거처럼 거대 설비와 자본에 기반을 두고 제품을 생산하는 물질적 성장 위주의 시대는 지났다. 또한 누구나 정보에 쉽게 접근하고 자유롭게 활용할 수 있다. 현대 산업에서 데이터는 에너지 자원과 같으며, 데이터 분석 역량은 기업의 엔진과도 같다. 앞으로 데이터를 활용하지 않은 산업은 경쟁력을 갖출 수 없으며 성장할 수도 없다.

과거에는 생산 위주의 기업이 성장했다면, 현대에는 소프트파워에 기반을 둔 서비스나 IT 산업만이 성장하고 있다. 20세기까지는 제너럴모터스(GM), 유에스스틸(US Steel), 엑손(Exon) 같은 자동차, 철강, 에너지 등 2차 산업 중심의 대형 기업들이 세계 경제를 주도했으나 21세기에 들어와서는 페이스북(Facebook), 아마존(Amazon), 구글(Google)과 같은 IT 기반 서비스 기업들이 글로벌 시장을 장악하고 있다.

하드웨어 기업의 변화도 두드러진다. 제조업의 경우 글로벌 경쟁이 가속화되면서 소비자의 니즈(Needs)에 한 발짝 더 다가서는 기업만이 살아남고 있다. 애플(Apple), 삼성전자, 제너럴일렉트릭(GE) 등은 완제품 생산에 전력을 다하고 있다. 이들은 소비자와 밀착된 제품을 생산함으로써 궁극적으로 소비자와 제조사를 연결하는 수직계열화를 이루려는 것이다. 이런 구조에서는 소비자에 대한 이해가 필수적이므로 '제조를 위한' 데이터 분석뿐만 아니라 '사람을 이해하기 위한' 데이터 분석까지 필요하다. 사물인터넷, 웨어러블 기술 등 기업들은 전통적 하드웨어 알고리즘을 넘어 제품에 맞춤형 고객 지향적 데이터 분석 솔루션을 탑재해 경쟁력을 갖추는 데 온 힘을 쏟고 있다. 미래에는 개인화 토털 OS(Total OS)를 목표로 하드웨어 기업과 소프트웨어 기업의 경계가 허물어지며 경쟁하는 체제로 바뀔 것이기 때문이다.

이러한 현대 기업들의 미래 성장 동력은 무엇일까? 결론부터 말하자면 이들 기업들은 공통적으로 데이터 분석을 미래 성장의 핵심 역량으로 내세운다. 더 정확하게 표현하면 단순한 알고리즘 기술력이 아닌, 사람에게 가치를 창출하는 방향으로 데이터를 분석하는 공학과 인문학의 융합형 비즈니스 모델을 만드는 것이 핵심이다.

현대의 IT 생태계에서 글로벌 기업들은 두 가지 거대한 전쟁을 치르고 있다. 첫 번째는 고객층 확보와 외형적 성장을 통해 데이터를 독점하고자 하는 '플랫폼 전쟁', 두 번째는 선순환 유지와 지속적 성장을 위한 경쟁력을 갖추고자 하는 '데이터 분석 전쟁'이다.

2000년대 초반에 글로벌 IT 기업들은 소셜, 전자상거래, 검색 등의 전통적 서비스를 통해 각 해당 분야에서 절대적 헤게모니를 구축했다. 그러나 서비스 간 컨버전스가 일어나고 여기에 하드웨어까지 결합하면서 각 기업의 기반이 되는 서비스 플랫폼에서의 충돌은 불가피했으며, 결국 모두가 모여 기업의 존망이 걸린 전쟁을 치르게 되었다.

플랫폼 전쟁에서는 고객층과 데이터를 선점한 기업이 절대적으로 유리하다. 플랫폼 전쟁이란 엄밀히 말하면 '트래픽' 전쟁이다. 고객 입장에서 생각해보자. 인간이 깨어 있는 동안 일 또는 학업에 쓰는 시간을 제외하면 서비스에 할애하는 시간이 그리 많지 않다. 이 시간을 차지하고 서비스를 받는 플랫폼을 확보한다면 광고, 유통, 미디어, 금융 등 대부분의 서비스를 확대 및 제공해 수익을 낼 수 있다. 반대로, 고객 접점을 빼앗긴 기업들은 힘을 잃고 단순한 인프라 지원 역할로 전락하게 된다. 결과적으로, 현대의 경영 환경에서는 고객의 '목줄'을 쥐고 있는 플랫폼 기업만이 살아남게 되며 고객 기반 서비스 분야에서는 '트래픽'이 기업의 가치를 결정하게 된다.

그렇다면 고객 플랫폼을 확보하기 위해 어떻게 해야 할까? 무엇보다 고객을 이해하고(인문학) 서비스를 제공해(공학) 고객의 신뢰를 얻어야 한다. 기업들 사이에서는 컨버전스 서비스의 확대가 빠르게 진행되고 있다. 과거와 같은 공급자 위주의 경영에서 벗어나 소비자 중심의 서비스를 연구하고 있다. 그러나 글로벌 기업들은 단순한 서비스 확대가 그저 시장에서 경쟁할 수 있는 여건을 갖추는 것에 불과하다는 것을 알고 있다. 아무리 좋은 무기를 쥐고 있어도 훈련을 통해 숙련된 활용 능력을 갖추지 못하면 경쟁에서 질 수밖에 없다.

IT 기업의 무기가 컨버전스 서비스라고 한다면 이를 다루는 능력은 데이터 분석 및 활용 역량이라고 할 수 있다. 플랫폼으로 꾸준히 경쟁력을 확보하고 마침내 시장을 장악하기 위해서는 축적되는 데이터를 분석해 새로운 서비스를 창출해야 한다. 결국 미래에 기업들의 최종 목표는 고객에게 '개인화된 플랫폼과 서비스'를 제공하는 것이다. 이러한 소프트파워의 핵심은 '빅데이터 분석 역량'이며, 이의 중요성은 갈수록 높아지고 있다.

글로벌 기업들의 전쟁 선포

SNS(Social Network Service) 기업인 페이스북은 지인 네트워크를 기반으로 출발해 고객층을 확보한 뒤 데이터 분석으로 수익 모델을 만들어간 케이스이다. 하버드 대학교 내의 네트워킹이라는 단순한 아이디어에 착안해 서비스를 시작한 페이스북은 SNS의 특성상 많은 양의 트래픽을 자연스럽게 확보함으로써 고객층 확장의 선순환을 이뤘다. 오래지 않아 미국 전역을 장악하고 글로벌로 세력을 확장한 페이스북은 이때까지 가까운 친구나 모임을 찾아주는 알고리즘 개발에 주력했다.

그러나 플랫폼을 확고히 한 뒤 경쟁자에 대한 진입 장벽 구축에 성공한 페이스북은 현재 데이터 분석을 기반으로 점차 능동적인 역할을 확대하고 있다. 지인을 찾아주는 것에서 한 걸음 더 나아가 고객에게 적합한 애플리케이션, 뉴스, 게임, 광고, 쇼핑 서비스 등 네트워크 정보로 활용할 수 있는 각종 인터넷 서비스를 찾아내 제공하고 있는 것이다.

이렇듯 페이스북은 고객별 행동 특성에 집중해 니즈를 파악하는 데 데이터 분석 노력을 집중하고 있다. 이는 고객이 원하는 바를 정확히 포착해 적합한 서비스를 외부에서 끌어들여 가치를 창출하는 경우이다.

온라인 유통 기업인 아마존은 사업 초기에 단순히 수요와 공급을 끌어모으는 데 온 역량을 집중했다. 그 결과 영향력 있는 유통업자들을 유치하고, 일반 소비자들에게 회사를 알리는 데 성공했으며, 네트워크 집중 현상의 선순환을 통해 온라인 유통 시장을 장악했다. 여기에서 그치지 않고 현재는 온라인 유통 서비스를 글로벌로 확대하고, 사업 영역을 운송업, 제조업으로까지 넓히며 시장에서 우월적인 플랫폼 지위를 강화하고 있다. 지속적인 트래픽 확보를 위해 고객을 자극할 수 있는 엔터테인먼트 사업군을 인수하기도 했다.

여기서 짚고 넘어가야 할 점은 아마존의 핵심 역량 역시 '데이터 분석'에서 나온다는 것이다. 아마존이 단순 유통 플랫폼 이상의 역할을 수행할 수 있었던 것은 고객의 활동 데이터를 총집결하고 분석해 서비스를 확대해나갔기 때문이다. 아마존은 고객 구매 패턴 분석, 연관 분석 등을 통해 얻은 정보를 맞춤 추천, 검색 알고리즘, 고객 유형별 군집화 등의 마케팅에 다양하게 활용하고 있다. 트래픽 강화를 위해 고객 유입 민감 서비스를 분석해 신선식품, 패션 등으로 사업을 확대하며 이를 기업 전략에도 활용하고 있다. 플랫폼 확대와 데이터 분석을 상호 보완적으로 추진하는 대표 사례라고 볼 수 있다.

인터넷 서비스 기업인 구글은 초기에 페이지랭크(PageRank)에 바탕을 둔 검색 기술로 고객 기반을 마련했다. 이를 통해 검색 시장에서 거의 독점적인 강자로 등극해 주 수입원(광고)을 확보한 뒤 다방면으로 플랫폼을 확대하려 애쓰고 있다. 주로 인터넷 사용자의 기초 니즈에 집중했던 구글은 점차 OS(operating system), 클라우드 컴퓨팅(Cloud Computing), 이메일, 오피스 제품, 콘텐츠 등으로 고객층을 강화해나갔다. 고객 접점의 트래픽을 확보하기 위해 미디어 기업인 유튜브(YouTube)를 인수하기도 했다.

플랫폼 확대를 시도하면서 머신러닝(Machine Learning), IOT와 연결된 데이터 분석 서비스도 제공하고 있다. 따라서 구글이 아마존, 페이스북 등 다른 글로벌 기업들과 충돌하게 된 것은 당연하다고 볼 수 있다.

데이터 분석을 통해 보다 정교한 맞춤형 광고 및 정보 전달 서비스로 영역을 확장한 구글은 빅데이터에 기반한 비상업적 서비스(독감 동향 예측 등) 시도를 통해 기술력을 축적하고 있다.

2010년대 페이스북, 아마존, 구글 등 글로벌 IT 서비스 기업들의 행보를 살펴보면, 플랫폼 확대와 데이터 분석을 위해 핵심이 될 만한 하이테크 기업들을 인수하거나 인재를 영입하고 있음을 알 수 있다. 각각 페이스북은 SNS, 아마존은 전자상거래, 구글은 검색이라는 뚜렷한 시장을 토대로 타 영역으로 플랫폼을 확장해나가면서 서비스 영역이 충돌하고 있다. 그야말로 전쟁인 것이다! 여기서 주목할 점은, 하드웨어나 프로세스 알고리즘이 평준화된 지금, '데이터 분석'에 의한 경쟁력 강화 및 서비스 개발이 갈수록 큰 변수로 떠오르고 있다는 사실이다.

그렇다면 이제 눈을 안으로 돌려 한국의 실정을 살펴보자. 과거에 큰 인기를 끌었던 국내 소셜 네트워크 서비스인 아이러브스쿨(1996)과 인터넷 커뮤니티 싸이월드(1999)는 페이스북(2004)보다 각각 8년, 5년 앞선 서비스였다. 페이스북보다 훨씬 우수한 서비스와 두터운 고객층을 확보하고 있었음에도 불구하고 이들 기업은 글로벌 확장에 소홀했고, 단기간의 수익에 매몰된 나머지 플랫폼 확장과 데이터 분석을 등한시해 그 헤게모니를 내주고 말았다. 지금은 단순한 SNS, 배달 애플리케이션 등을 개발해 플랫폼 시장에 편승하려는 중소기업들의 노력이 전부이다.

IT 서비스 전쟁에서 한국이 낙오된 것은 장기적 관점에서 관련 시장의 흐름을 읽는 시야의 부재와, 한국 특유의 대기업 위주의 경영 환경에 기인한다. 대기업이라는 비대한 조직 내에서는 비즈니스와 IT의 괴리가 발생하므로 데이터 분석을 추진하고 활용해 성과를 내는 일이 요원해 보인다.

그러나 아직 단념하기는 이르다. 다행히 많은 기업이 전산화를 일찍 진행해 훌륭한 인프라와 대용량 데이터를 보유하고 있으며, 우수한 소프트웨어 인재들이 많아 성장 잠재력이 충분하다. 그야말로 오케스트라의 지휘자처럼 데이터와 인재를 활용해 멋진 작품을 만들어내는 데이터 과학자(Data Scientist)의 출현이 간절한 시점이라고 할 수 있다.

전쟁에서 살아남는 법

우리는 그동안의 실패를 거울삼아 활로를 모색해야 한다. 필자가 이 책에서 집중적으로 다루려는 것은 바로 데이터 분석이 실패하는 '원인'들을 명확히 규명하는 것이다. 막연한 데이터 분석 무용론을 떠나, 논리적이고 객관적으로 현상을 분석하고 근본 원인을 찾으려고 한다. 이것이 바로 데이터 분석이 성공하는 첫걸음이 될 것이기 때문이다.

목적이 우선되지 않은 데이터 분석은 실패한다

필자가 경험한 바에 따르면, 많은 기업에서 비즈니스 목적과 빅데이터 간에 괴리가 있었다. 그 이유는 무엇일까? 대부분의 기업에서 '데이터 분석을 IT 부서만의 업무'로 여긴다. 데이터 분석을 시스템적 관점에서 보고 통계 분석 위주의 단순한 '본업 지원' 역할로 한정 짓는 것이다.

반면 글로벌 혁신 기업들은 데이터 분석과 비즈니스를 동일 선상에서 생각한다. 비즈니스의 '목적'을 해결하기 위해 데이터를 가공해 직접 성과로 연결시키는 것이다. 빅데이터의 성패는 데이터양이나 하드웨어의 사양에 달려 있지 않다. 성패를 결정짓는 것은 바로 데이터를 '수동적'으로 보고 자료 등에만 사용하느냐, 아니면 '적극적'으로 문제 해결 목적으로 활용하느냐 여부이다.

데이터 분석이란 전산 담당자가 상사의 지시에 따라 전산실에 틀

어박혀 코딩 작업만 하는 것이 아니다. 기업의 미래 핵심 역량을 형성해 전략 방향을 결정하는 활동이며, 기업 활동을 일사불란하게 실행하는 주체가 바로 데이터 분석이다. 데이터 분석의 종착지는 사람이고, 비즈니스이다. 사람의 가치에 맞게 데이터를 요리하는 것만이 현대 기업이 살아남는 유일한 길이다. 그러기 위해서는 인문학과 공학의 융합형 인재를 확보하고 조직을 갖추는 것이 필요하다.

어린이 머릿속의 보아 뱀을 찾아라

'인간'을 중심에 두고 '인간'의 삶에 실제로 도움을 주려는 관점에서 데이터를 바라보는 통찰력이 기업의 미래를 결정한다. 그림 속의 보아 뱀을 알아채기 위해서는 어린이의 머릿속에 들어가는 것이 급선무이다. 이러한 '인간'에게 가치 있는 서비스는 단순 알고리즘이 아니므로 과학 기술자에게만 의지할 수는 없다. 통계학, 컴퓨터공학을 기반으로 하여 비즈니스와 인간을 이해하는 인문학을 융합한 데이터 분석만이 실제적인 가치를 만들 수 있다.

그러나 실제로는 많은 하이테크 기업이 인문학 역량을 갖춘 인재를 보유하는 데 어려움을 겪고 있다. 이 때문에 데이터 분석 융합 비즈니스 모델을 만드는 데 한계가 있는 것이 현실이다.

데이터 분석에 성공하고 싶다면 데이터를 버려라

망치를 든 자의 눈에는 세상이 온통 못으로 보인다. 데이터라는 망치를 들고 있으면 모든 비즈니스 문제를 데이터로만 해결하려고 한다. 그러다보면 스스로 편협한 사고의 틀에 갇혀 결국 실패하고 만다. 일단 망치를 내려놓고 문제를 바라봐야 한다. 그러면 어느 순간 손에 망치가 쥐어질 것이며, 데이터를 지배하게 될 것이다.

데이터로 흥한 자, 데이터로 망한다?

"당신은 테스코(Tesco)의 재앙이 얼마나 거대한지 모를 겁니다."『비즈니스 인사이더(*Business Insider*)』기자인 마이크 버드(Mike Bird)는 2014년 말, 테스코의 몰락에 대해 이와 같이 표현했다. 정교한 데이터 분석을 기반으로 고객의 요구를 해결하고 최적 가격의 상품들을 적재적소에 공급해 눈부신 성장을 이뤄낸 테스코는 데이터 분석 분야에서 신화와 같은 존재였다. 그러나 테스코는 2014년 막대한 수익 하락을 발표하며 데이터 분석 경영의 실패를 인정했다. 테스코의 2014년 상반기 세후 수익은 1억 1,200만 파운드로 이전 해 동기간과 비교해 무려 90퍼센트가량 줄어들었다. 국제신용평가회사 무디스(Moodys)는 테스코의 신용등급을 'Baa3'로 하향 조정했으며, 테스코의 주가는 2014년 한 해 동안 절반 수준으로 떨어졌다.

정말로 데이터 분석은 신기루일까?

데이터 분석 분야에서, 특히 유통 산업에서는 데이터 분석으로 성공하는 회사가 거의 없다. 과거 '맥주와 기저귀'(퇴근길에 아내의 부탁으로 기저귀를 사러 슈퍼마켓에 들렀다가 함께 맥주를 구입하는 남자가 많다는 것에 착안해 두 제품을 함께 진열함) 같은 상징적 예시를 통해 많은 이를 들뜨게 만들었던 데이터 분석이 실제로는 겉만 요란하고 성과로 돌아오지 않는다는 것이 드러나며 '데이터 분석 무용론'이 널리 퍼졌다. 따라서 데이터 분석을 기반으로 한 많은 마케팅 기업들이 자취를 감췄다. 이러한 상황에서 테스코의 성공은 당시 데이터 신봉자들에게 가뭄에 단비처럼 느껴졌다.

2000년대 초반 데이터 분석의 성공을 토대로 승승장구하던 테스코는 마침내 몰락하고 말았다. 유통 데이터 분석의 모범 사례로 꼽히던 기업의 실패를 보며 많은 전문가는 "역시 데이터 분석은 안 되나보다"라며 한숨을 쉬었다. 실패한 기업 담당자들 또한 "데이터 분석은 원래 지속 가능하지 않다"고 주장하며 자신의 실패를 정당화하기도 한다.

테스코의 매출 하락은 데이터 분석 때문이었을까? 그렇다면 2000년대 초반 테스코의 성장은 어떻게 이루어진 것일까? 테스코가 성장할 당시 대부분의 마케팅 전략은 고객 데이터 분석을 바탕으로 수립되었다. 데이터 분석의 가치는 명백히 존재한다. 섣불리 테스코의 실패를 데이터 분석의 실패라고 단정 짓기 전에, 당시 테스코의 데이터 분석 수행 시 나타난 실패의 원인을 하나씩 살펴보자.

테스코의 데이터 연금술

영국의 최대 소매 기업이며 세계적 유통 기업으로 성장한 테스코는 작은 슈퍼마켓으로 출발했다. 1993년 테스코의 규모는 경쟁사인 막스앤스펜서(Marks & Spencer)의 3분의 1, 세인즈베리(Sainsbury's)의 절반 정도에 불과했다. 하지만 테스코는 1995년 두 경쟁사를 제치고 영국 유통업체 1위로 올라선 이래 지금까지 한 번도 그 자리를 내주지 않았다. 2013년 매출 기준으로 세인즈베리(233억 파운드)와 막스앤스펜서(100억 파운드)를 합쳐도 테스코의 절반에 못 미친다. 월마트(Wal-Mart)의 영국 자회사인 아스다(Asda)를 물리치고 아시아, 동유럽, 미국 등지로 시장을 넓혔다.

테스코가 이렇게 성장한 배경은 무엇일까? 1995년, 테스코는 클럽카드를 대대적으로 홍보해 고객에게 배포했다. 이 클럽카드를 통해 고객은 할인 혜택 및 충성도 관리를 받을 수 있었다. 클럽카드로 고객의 재방문-충성화의 선순환 궤도에 오른 테스코는 유통 시장에서 절대적 지위를 차지했으며, 전체 고객의 유형을 이해할 정도로 데이터를 충분히 축적할 수 있었다.

테스코 클럽카드의 본질적 의도는 단순한 충성도 관리가 아니었다. 마케팅 이사 출신인 테리 리히(Terry Leahy) 전 테스코 CEO는 데이터를 기반으로 한 정량적 마케팅이 매우 중요하다고 믿었다. 소매유통업의 특성상 고객의 개인 단위 분석이 필요했던 테스코는 클럽카드로 고객을 인식해 구매 데이터를 수집한 뒤 이를 통해 고객을 보다 정교하게 이해하고자 했다. 그리고 고객의 제품 구매 행동과 심리에 초점을 맞춰 분석을 수행했으며 마케팅을 기획했다.

먼저, 가격 민감 품목들을 분석해 경쟁사보다 가격을 낮췄다. 테스코의 상품은 전체의 단 6퍼센트만이 경쟁사보다 저렴하고 나머지 94퍼센트가 비쌌지만, 소비자는 6퍼센트의 가격 민감 상품만 비교하고 '테스코는 저렴하다(실제로는 대부분 비싸지만)'고 인식했다. 또한 사교적인(입소문 강한) 고객을 분류해 그들에게만 할인 쿠폰을 제시함으로써 입소문이 나도록 했다.

이렇게 해서 가격 정책에서 큰 성공을 거둔 테스코는 고객의 구매 브랜드 및 상품의 특징을 토대로 고객의 성향을 도출했다. 그리고 각 고객의 유형에 맞는 제품을 추천하고 매장을 구성했으며 점포별 맞춤 전략을 수행했다.

그 결과 테스코는 영국 최대 식품 소매업체일 뿐 아니라 전 세계에서 가장 성공한 유통업체로 우뚝 섰다. 닷컴 버블이 꺼지던 1990년대 말, 테스코가 보여준 데이터 분석 능력은 실로 놀라웠다. 고객이 원하는 제품과 최적 가격을 '데이터 분석'이라는 마법 상자에서 척척 꺼내 활용하며 경쟁 시장을 휩쓸었다. 이렇듯 유통 시장에서 당해낼 자가 없었던 테스코에 어두운 그림자가 드리워진 이유는 무엇일까?

'데이터'라는 마약

테스코의 근본적 실패 원인은 세 가지로 나눠볼 수 있다. 첫째, '비즈니스'가 아닌 '데이터'를 우선한 것이다. 연이은 성공에 취한 테스코는 데이터 분석을 지나치게 신뢰했다. 조직이 점차 비대해지면서 데이터 분석으로 해결할 수 없는 부분이 생겨났으나 테스코는 이를 애써 외면했다.

2000년대 후반 들어 유통 산업의 대형화 및 온라인화가 급속히 진행되면서 '필수 상품 소품종 대량생산'과 '타깃형 전문 매장'이 중요한 경쟁 트렌드로 떠올랐다. 테스코, 월마트 같은 전통적 유통 강자들은 공급업체와 관계를 유지하며 특정 상품군만 PB 제품을 생산하는 데 반해, 경쟁사인 알디(Aldi)나 리들(Lidl)은 개발, 생산, 유통까지 일원화해 '소품종 대량생산'의 수직 계열화를 실시했다(이러한 현상은 의류 산업에서도 찾아볼 수 있다. 유행 및 개성에 맞춘 자라[ZARA] 같은 브랜드와 소품종 대량생산의 유니클로[Uniqlo] 같은 브랜드가 동시에 시장을 형성했다).

유통 시장에서 테스코는 이도 저도 아닌 애매한 위치에 포지셔닝하고 있던 탓에 점차 경쟁력을 잃었다. 기업 환경이 변화하면 핵심 역량을 변화시킬 수 있는 중장기적 의사결정이 필요하다. 그러나 테스코의 데이터 분석은 마케팅에 집중되어 있는 반면, 마케팅 수행의 원동력이 되는 기업의 핵심 역량에는 적절한 답을 주지 못했다.

나무를 관찰하는 데 정신을 빼앗기면 숲을 보기 위해 밖으로 나오지 않는 법이다. 데이터는 만병통치약이 아니다. 데이터는 기업의 목적을 달성하는 문제 해결 수단일 뿐이며, 필요하면 언제든 버릴 준비가 되어 있어야 한다. 그러나 테스코는 마법 상자 같은 데이터의 유혹을 떨쳐내지 못했다.

문제가 생겼을 때는 문제 해결을 목적으로 삼아야지, 문제 자체가 아닌 데이터를 먼저 머릿속에 떠올리면 그 기업은 방향을 잃게 된다. '제로 베이스에서 문제를 해결하는 것', 그것이 데이터 분석의 처음이자 마지막이다. 소매 유통의 본질에 초점을 맞춰 '고객이 원하는 좋은 제품을 저렴하게 공급한다'는 원칙으로 성공 궤도에 오른 테스코는, 그 후 고객 관찰보다는 데이터 관찰에 정신을 빼앗기며 핵심 역량을 잃어버리고 말았다.

둘째, '고객'이 아닌 '제품' 위주로 분석한 것이다. 소매 유통업은 그 특성상 좋은 제품을 적절한 가격에 판매하는 것이 중요하다. 따라서 테스코는 우선적으로 제품과 가격에 집중했으며, 초기에는 이러한 전략이 성공을 거뒀다. 고객의 제품 성향에 따라 적절한 제품을 추천하고 새로운 제품을 구비했으며, 최적 가격을 산정함으로써 수익을 극대화했다.

반면 고객 성향 분석에서는 소극적 수준을 넘지 못했다. 슈퍼마켓을 이용하는 고객의 성향은 크게 행동 성향과 제품 성향으로 나뉜다. 행동 성향이란 고객이 방문할 슈퍼마켓을 정하고 여러 제품을 비교한 뒤 물건을 들고 계산대로 향하는 과정에서 보이는 일련의 특성들을 말한다. 즉 '고객이 구매하는 원리'를 보여주는 성향이다. 마케팅 전략을 수립하고 입지, 구성, 프로모션 등 전체적이고 일관된 운영을 하기 위해서는 고객이 매장을 방문하고 행동하는 성향에 대한 이해와 통찰이 필요하다. 그런데 이러한 고객의 행동 성향보다 제품의 성향에만 치중하다보면 제품의 관점으로 시야가 좁아진다. 결국 모든 해결책이 제품에 관한 것으로 귀결되어 종합적인 마케팅을 펼치는 데 한계가 생긴다.

왜 테스코는 제품 성향에 치중했을까? 제품 성향은 수학적, 통계적으로 정형화할 수 있으며 외부 조사(인터뷰, 리서치 등)가 필요 없다. 반면 행동 성향 분석은 데이터로 일정 부분을 분석해내고 그 외는 조사를 통해 완성해야 한다. 테스코는 데이터로만 해결되는 제품 성향에서 성과를 거둔 뒤 그 방면에 몰입되어 외부 조사 활동을 통해 보완하는 방식에 무관심했다. 데이터로 만들어진 마법 상자로 모든 것을 완전무결하게 해결하고 싶었던 것이다. 따라서 테스코는 제품에 대한 고객의 니즈는 충분히 만족시킬 수 있었지만, 고객의 행동에 따른 마케팅(방문 및 구매 유도 등)에는 취약했다. 즉 데이터로 알기 쉬운 제품 성향에만 집중하고 그 외의 고객 행동 정보에 소홀했기에 계속 발전할 수 없었다.

'알기 쉬운' 정보와 '필요로 하는' 정보는 차이가 있다. 일단 문제 해결에 필요한 정보를 명확히 했다면, 이 정보들을 '어떻게 데이터로 도출해낼 것인가'에 많은 노력을 기울여야 한다. 우리가 필요로 하는 정보가 데이터베이스에서 나온다는 보장은 없다. 따라서 필요한 데이터를 수집하고 가공해 재창조하는 활동을 수행해야 한다. '데이터'라는 원석에서 '우리가 원하는 정보'라는 보석을 만들기 위해 가공하는 일은 우리의 몫이다. 고객에 초점을 맞추어 그 행동을 관찰하고, 가설을 수립해 데이터베이스에서 흔적을 찾아, 우리가 원하는 데이터를 창조해야 한다.

셋째, 대기업에서 나타나는 '수익 창출의 단절'을 들 수 있다. 거대해진 테스코는 활발하게 해외로 진출했으나, 헝가리와 말레이시아를 제외하고는 대부분의 나라에서 쓴맛을 보았다. 특히 글로벌 유통 기업의 격전지인 중국 시장에서는 월마트, 까르푸(Carrefour) 등 경쟁자들의 선전과 대조적으로 매출 하락을 거듭했다. 어째서 테스코의 분석 기반 경영이 해외에서 통하지 않은 것일까? 그것은 기업이 비대해질수록 데이터 분석을 유기적으로 작동시키지 못하기 때문이다.

유통 기업의 해외 진출 시, 현지 고객의 니즈를 민감하게 수용하고 반영하지 않으면 아무리 뛰어난 유통 시스템을 도입하고 노하우를 적용하더라도 현지의 경쟁자를 넘어서기 힘들다. 데이터 분석도 마찬가지이다. 기존의 테스코 고객이 보여주는 고객 행동과 특성을 다른 국가 고객에게 적용하는 데는 한계가 있다. 아무리 안정성이 뛰어난 솔루션이라도 모든 기업에 적용할 수 없듯이, 데이터 분석도 해당 시장과 고객을 이해하고 재창조해야 한다.

거대하고 복잡한 조직으로 성장한 테스코는 새로운 시장과 환경에 유연하게 대처하기 어려웠다. 테스코는 오랜 기간 동안 영국의 고객 성향에 집중해 마케팅 전략을 수행했는데, 이 과정에서 분석의 초점이 점점 충성 고객에 맞춰졌으며, 테스코는 고객과 함께 노후화되었다. 이는 테스코의 초기 성공 비결(고객에서 출발해 그에 맞춰 데이터를 분석함)과 정반대 방향이었다. 결국 '시스템에 고객을 억지로 끼워 맞추었기' 때문에 실패한 것이다.

규모가 큰 조직은 안정적이지만 새로운 환경에 적응하기 어렵다. 조직과 프로세스가 경직되어 데이터 분석이 성과를 내기 위한 과정에서 제대로 소통이 이루어지지 않고 막혀버리는 것이다.

결국 테스코는 해외에서 경쟁사 대비 우월적 지위를 확보하지 못했다. 고객 데이터가 충분히 수집되지 않은 상태에서 테스코의 분석 역량이 빛을 잃어, 선순환 궤도에 오르지 못한 것이다. 설상가상으로 현지 공급업자, 제조사들과의 협상력이 뒷받침되지 못하면서 데이터 분석 결과에 맞게 제품과 브랜드로 매장을 구성하거나 의도하는 프로모션 및 가격 정책을 수행할 수 없었다.

'수익 창출의 단절'은 규모가 큰 기업일수록 특히 신경 써야 할 문제이다. 데이터 분석이 실제 성과로 이어지기까지는 많은 장애물이 존재한다. 기업의 핵심 역량을 성과로 연결하기 위해서는 실행 과정에서 장애물을 제거하는 활동이 필수적이다. 마치 막힌 둑을 터주어 물을 흐르게 하는 것처럼 말이다.

그렇기 때문에 IT와 경영을 전체적으로 컨트롤할 수 있는 인재가 꼭 필요하다. 데이터 분석 조직은 개념적이고 논리적인 결과를 창조한다. 실제 현실에서 결과물이 사용되는 데 불안감과 불편함을 느끼고 현실에서 도피하려는 모습을 종종 보인다. 그렇지만 성과를 내는 것은 IT 및 생산, 영업, 마케팅 등 비즈니스 영역 모두를 아우르는 힘에서 비롯된다. 이는 테스코와 같은 분석 기술 기반 기업일수록 더 항상 신경 써야 할 부분이다. 데이터 분석은 강점을 발휘할 때는 큰 위력을 과시하지만, 그 힘을 펼칠 수 없게 방해하는 것들이 곳곳에 도사리고 있기 때문이다.

테스코는 '데이터'라는 마약에 취해 '비즈니스'를 보지 못하고 무너졌다. 이처럼 세 가지 실패 원인은 역설적으로 데이터 분석의 성공 원리를 보여준다.

첫째: 목적 – 제로 베이스에서 문제를 해결할 것

둘째: 도구 – 데이터를 능동적으로 가공해 필요한 정보로 만들 것

셋째: 결과 – 성과로 연결되도록 장애물을 제거할 것

필자가 경험한 모든 빅데이터 사업은 크게 이 세 가지 요소에서 승패가 결정되었다. 이 책에서는 실제 기업들의 실패 및 성공 사례 분석을 통해 데이터 분석의 핵심 원리를 도출하고자 한다. 이로부터 여러분은 분석 역량을 갖추는 데 필요한 통찰력(Insight)을 얻게 될 것이다.

구글 TV는 왜 실패했는가?

뉴턴은 틀렸다

크리스토퍼 놀란(Christopher Nolan) 감독의 공상과학영화 〈인터스텔라(Interstellar)〉(2014)에서는 아인슈타인의 상대성 이론이 소개된다. 인류가 거주할 새로운 행성을 찾아 탐험대가 떠난다. 탐험대가 탄우주선의 목적지는 블랙홀 가까이에 위치한 행성인데, 여기서의 한시간은 지구에서의 7년과 맞먹는다. 주인공인 아버지가 이곳에서파도를 만나 약 세 시간 허비하는 사이 지구에서는 23년이 흘러 딸은 아버지와 비슷한 나이가 된다. 다분히 동화처럼 들리는 이야기이다.

시간은 언제 어디서나 똑같이 흘러갈 뿐이고, 공간도 누구에게나

붙박이장처럼 고정불변한 것 아닌가? 수천 년 동안 우리는 그렇게 알고 살아왔다. 시공간이 절대적이지 않고 상대적이라는 이론은 기존의 상식에 비춰 절대 용납할 수 없다. 그렇다면 상대성 이론은 왜 나온 것일까?

아인슈타인(Albert Einstein)의 상대성 이론이 등장하기 전, 뉴턴(Issac Newton)의 만유인력의 법칙으로는 도저히 설명이 안 되는 천체 현상이 몇 가지 있었는데, 그중 하나가 수성의 근일점(perihelion) 이동 현상이었다. 뉴턴의 법칙대로라면 수성의 타원 궤도가 고정되어 있어야 하는데, 궤도 전체가 천천히 회전하는 오류가 관측된 것이다.

당시엔 어느 누구도 만유인력의 법칙이 틀렸을 수도 있다는 생각을 하지 못했다. 오히려 우리가 모르는 뭔가가 있으리라 믿고 억지 이론을 만들어 뉴턴의 법칙에 끼워 넣었다. 그러던 중 1915년 아인슈타인이 뉴턴의 법칙에 반하는 일반 상대성 이론을 발표하자 과학자들은 상대성 이론을 수성의 궤도를 둘러싼 미스터리에 적용해보았는데, 정확히 설명되었다.

대부분의 과학자들은 기존의 법칙(뉴턴 이론)에 안주하며 이를 보완하는 이론 연구에만 매달린다. 그러다보니 정작 중요한 문제의 본질(궤도 회전 현상의 관측)은 법칙 뒤에 가려져 잊히고 만다. 아인슈타인은 학계의 오랜 난제를 해결하며 단숨에 유명 과학자로 떠올랐다. 그가 진정으로 위대한 이유는 단순히 업적이 뛰어났기 때문이 아니라, '사고를 가로막는 통념을 버리고 객관적으로 문제를 직시'했기 때문이다.

그럼 눈을 돌려 빅데이터 시장을 바라보자. 현재 국내에서 빅데이터가 이슈가 되는 이유는 무엇일까? 많은 경우 기업의 고위급 임원으로부터 데이터를 활용하라는 '강압적 지시'가 내려오면서 데이터 분석을 시작한다.

'이렇게 귀중하고 다양한 데이터들이 있는데, 그냥 쌓아놓기 아깝다. 분석해보면 뭔가 대단한 것이 나오지 않을까?'

이처럼 막연한 생각으로 업무를 지시하는 것이다. "빅데이터 관련 뉴스가 쏟아지고, 주변에선 빅데이터를 분석해서 엄청난 걸 한다고 하던데, 우리 회사도 힘든 상황이니 뭔가 해봐야 하지 않겠어?" 이런 질책과 함께 뚜렷한 계획도 없이 알아서 추진해보라는 압력만 가한다.

중소기업은 어떤가? 소규모로 시작해 데이터 분석이나 스마트폰 애플리케이션으로 크게 성공한 벤처 기업이 있으면 눈 깜짝할 사이에 소문이 퍼진다. 정부의 벤처 기업 지원 사업에 발맞춰 중소 규모 업체들과 투자자들도 막연히 빅데이터 분석에 뛰어든다. 그러나 모두가 성공 사례에만 정신이 팔려 그 뒤의 무수한 실패 사례는 외면해버린다.

필자가 경험한 대부분의 기업에서는 데이터 분석 프로젝트를 시작하면 '데이터로 무엇을 할 것인가' 먼저 고민했다. 데이터의 정확도와 양, DB 구조 등을 먼저 분석하고, 조직별로 역할을 나눈 뒤 각각의 데이터로 쓸 만한 정보를 도출해본다는 것이다. 무수히 많은 주제를 정해 밤을 새워가며 데이터를 분석한다. 처음엔 뭔가 대단한 정보들이 나올 것 같지만, 결국에 아무런 성과도 없이 마무리된다. 그 이유는 '데이터'를 출발 지점으로 삼았기 때문이다.

IT 담당자건 전략 담당자건 패러다임의 전환은 매우 어렵다. 기업의 문제와 과학적 문제는 모두 '정형화되어 있지 않다'는 공통점이 있다. 기존 해결 방식을 그대로 둔 채로는 사용할 수 없으며, 공식에 대입해도 답이 나오지 않는다.

아인슈타인은 수성의 근일점 이동 문제를 다룰 때 당시 지배적이던 뉴턴 법칙을 활용할 필요성을 느끼지 못했다. '무슨 방법을 쓰든 문제만 해결하면 되는 것 아닌가?'라고 생각한 것이다. 목적은 문제 해결이지, 뉴턴 법칙을 보완하는 것이 아니기 때문이다.

기업의 데이터 분석도 마찬가지이다. 목적은 기업의 '문제를 해결'하는 것이지, '데이터를 사용'하는 것이 아니다. 데이터는 사용해도 그만, 사용하지 않아도 그만이다. 데이터에 집착해서 그것을 우선적으로 바라보면 정작 그 뒤에 가려져 있는 기업의 문제가 보이지 않는다. 데이터에 대한 집착을 버리고 기업의 문제에 초점을 맞춰 해결하려고 하는 것. 그것이 성공적인 데이터 분석의 첫걸음이다.

데이터 분석에 눈이 멀다

"TV는 웹을 만나고, 웹은 TV를 만나다(TV meets web, Web meets TV)."

2010년 10월 구글은 안드로이드 기반의 OS와 크롬 브라우저를 사용하는 구글 TV를 출시했다. 구글 TV는 웹 콘텐츠를 즐길 수 있는 풀 브라우징 기능을 갖춰 소비자는 TV에 스마트폰처럼 앱을 다운받아 실행시켜 다양한 콘텐츠를 이용할 수도 있었다. 유튜브, 넷플릭스(Netflix) 같은 동영상 서비스를 비롯해 트위터(SNS), 냅스터(Napster, MP3), 판도라(Pandora, 웹라디오) 등의 앱도 이용할 수 있었다.

구글은 웹을 그대로 TV에 구현하고자 했다. 구글닷컴(Google.com)에서 검색 데이터를 분석해 개인별 맞춤 광고를 수행해 성과를 낸 구글은 그 기술로 TV 시청 데이터를 분석해 맞춤 광고를 제공하고자 했다. 구글은 자사의 강점인 데이터 분석 역량이 또 한 번 발휘될 것임을 확신했다. 구글 TV 프로젝트를 주도한 리시 챈드라(Rishi Chandra)는 "웹에서의 광고 모델은 TV 광고 시장을 한층 더 발전시킬 것이며, 우리가 하지 않으면 결국 다른 업체가 하게 될 것"이라고 야심찬 발언을 했다.

그러나 야심차게 시도한 구글 TV는 명백한 실패였다. 시장의 반응은 냉담했으며 판매량은 예상치를 크게 밑돌았다. 로지텍(Logitech)의 구글 TV는 판매 가격을 300달러에서 250달러로, 다시 99달러로 인하해야 했다. 판매량보다 반품이 더 많았다. 왜 이런 일이 벌어졌을까?

전문가들은 구글 TV가 프리미엄 콘텐츠를 확보하지 못한 데서 가장 큰 원인을 찾는다. 일단 ABC, CBS, NBC, 폭스 TV 등 지상파 방송사가 콘텐츠를 제공하지 않았다. 즉 구글 TV를 구입하도록 유인할 만한 매력적인 콘텐츠가 없었다는 것이다. 기본적으로 콘텐츠 사업자들은 구글 TV를 신뢰하지 않았다. 무엇보다 구글 TV의 성장이 유료 방송을 포함한 기존 시장을 잠식할 우려가 있다고 판단했다.

사실이기는 하나 이것은 표면적인 원인일 뿐 근본적인 원인은 아니다. 어차피 이용량이 늘어나면 광고 수주도 늘어날 것이고, 그렇게 되면 콘텐츠 사업자들도 충분히 보상받을 수 있기 때문이다. 이 같은 현상은 스마트폰, 미디어, 음반 등 다른 모든 시장에서 이미 나타났다. 여기서 따져봐야 할 것은 '닭이 먼저냐 달걀이 먼저냐', 즉 '이용량이 먼저냐 콘텐츠가 먼저냐'의 문제이다. 그 답을 찾기 위해 소비자가 왜 구글 TV를 이용하지 않았는지 살펴보자.

데이터가 아닌 인간을 보라

구글 TV가 실패한 근본적 원인은 소비자의 행태에 대한 이해 없이 기기 이용 행동만 합리적으로 계산한 뒤 기존 데이터 분석을 적용하려 들었던 접근 방법에 있다. 요컨대 소비자는 무시한 채 경제 논리와 데이터만 들이민 것이다. 그 결과 기술을 적극적으로 수용하는 극소수 고객을 제외한 일반 대중은 구글 TV를 외면했고, 결국 '콘텐츠-광고-고객'의 선순환 궤도에 진입하지 못해 좌초하고 말았다.

한 번 성공의 달콤함을 맛본 구글은 고객을 보는 시야가 흐려졌다. 뉴턴의 만유인력 법칙의 위대함을 알게 되자 문제가 생겼을 때 '문제 자체'에 대해 고민하기보다 무조건 공식에 대입하려고 하는 것처럼, 구글은 데이터 분석 기반 검색 광고의 위대함을 TV에 그대로 대입하려 했다.

그렇다면 구글 TV가 성공하기 위해서는 어떠한 조치를 취해야 했을까? 기업의 전략이란 핵심 역량을 레버리지해 실사용 고객을 대상으로 그것을 어떻게 발휘할지 명확히 하는 것이다. 온라인 광고 시장을 장악한 구글이 그보다 몇 배나 큰 TV 광고 시장에 진출하는 것은 어찌 보면 당연한 행보였다. 경제적 측면에서 보았을 때 이는 콘텐츠 사업가들에게도 유리하다. 그러나 그것을 가능케 하는 것은 어디까지나 TV를 실제로 사용하는 고객의 행동 원리를 아는 것이다. 일단 고객이 구글 TV를 구매하고 시청해야 할 '이유'를 제시할 수 있어야 한다.

인간의 뇌는 관성의 법칙에 따라 움직인다

과거 의사소통 매체에 불과했던 휴대전화가 스마트폰으로 발전하면서 정보 전달 기능이 한층 강화되었다. 단순히 의사소통 매체가 정보 전달 매체로 변화하는 데만도 많은 시간이 필요했다. 약 20년 동안 휴대전화에 메시지 기능, 인터넷 기능 등이 추가되면서 차츰 인식의 변화가 생기다가, 2000년대 들어 애플의 아이폰 출시가 인식 변화의 촉매 역할을 하면서 스마트폰 시대가 열린 것이다.

스마트폰 시장은 애플이 하루아침에 이룬 것이 아니다. 오랫동안 인간의 의식은 꾸준히 변화해왔고, 애플이 그것을 현실화시켰을 뿐이다. 즉 인식의 변화가 무르익기 전까지 이미 노트북, PDA, MP3 등 많은 기술이 존재했지만 스마트폰으로 통합되지 않았던 것이다. 인간의 뇌는 기기가 주는 이미지를 경험적으로 받아들이려고만 하는 반면, 변화는 불편해하기 때문이다.

그렇다면 TV와 컴퓨터는 어떠한가? TV와 컴퓨터를 융합하는 기술은 이미 오래전에 개발되었다. 1990년대에 TV와 컴퓨터를 합친 제품이 출시되면서 전문가들은 이것이 TV 시장에 태풍을 몰고 올 것으로 예상했다. 그러나 이 제품은 시장에서 철저히 외면받으며 아무도 모르게 쓸쓸히 퇴장해야 했다. 사람들은 회사에서 일할 때 사용하던 컴퓨터를 집에서까지 사용하려 하지 않았기 때문이다. 인간의 뇌 속에 TV는 '휴식과 즐거움'으로, 컴퓨터는 '일과 정보'로 인식되어 있는 것이다. 인간은 TV를 린백(lean-back)형으로 이용한다. 즉 소파에 몸을 기대고 방영되는 TV를 수동적으로 시청하는 것이다.

구글이 개발한 스마트 TV는 과거의 단순 일체형 TV와 다르게 사용자 측면을 많이 고려한 제품이었다. 또한 전문가들은 스마트폰이 TV와 컴퓨터의 매개체 역할을 하고 있어서, 휴대전화와 마찬가지로 TV도 빠르게 스마트화할 것으로 예상했다. 그러나 문제는 아직 인간의 뇌가 그에 발맞춰 충분히 변화하지 않았다는 것이다. 여전히 TV는 수동형 기기이고, 컴퓨터는 능동형 기기로 인식되고 있다.

게다가 구글은 쿼티(QWERTY) 자판을 장착한 커다란 리모컨을 선보이는 우를 범했다. 이용자들이 구글의 강점인 검색 기능을 잘 활용하도록 키보드 입력 장치를 도입한 것이지만, 이는 전적으로 고객 입장이 아닌 기업의 입장일 뿐이었다. 인간의 뇌가 변화되지 않은 상태에서 키보드 자판은 사용자에게 심리적 거부감을 주었다.

전략이 우선이다

그렇다면 구글 TV는 시장에 어떻게 접근해야 했을까? '진화'하는 기술 서비스 환경과 인간의 '정체'된 이용 행태로 보았을 때, 구글 TV는 산업 수명 주기 단계 중 '도입 단계'의 시장이다. 이 시기에 반응하는 고객은 구글의 신제품에 민감하게 반응하며 베타 테스터로 활동하는 소수의 기술 애호가 집단이며 일반 대중이 아니다. 따라서 이 시기엔 비용을 최소화하고 '브랜딩'에 집중하는 것이 가장 중요하다. 또한 하드웨어 기술 및 데이터 분석 기술을 꾸준히 배양하고 시장을 모니터링하며 집중 마케팅 시점을 기다리는 것이 필요했다. 더불어 사용자 친화적인 단순한 리모컨이나 하이브리드 형식의 채널 추가 기능 등 직관적인 요소를 갖춰야 했다.

구글과 대조적으로 애플은 섣불리 스마트 TV 시장에 발을 내딛지 않았다. 당시 애플은 소비자의 인식 변화를 가늠하며 시장 진입 시점을 조절하고 있었다. 과거 아이폰을 출시하기 전, 시장 가능성을 탐색하던 모습 그대로이다.

데이터 중심으로 검색 시장을 장악한 구글에 비해 스마트폰 혁명을 주도하며 사용자의 행동에 집중한 애플은 하드웨어 판매 전략에서 보다 적절한 의사결정을 할 수 있었다. 애플은 제조 기업이지만 '기술' 중심이 아니라 '사람' 중심의 기업이며, 무리한 시도로 기존 충성 고객층의 신뢰를 잃지 않도록 노력한다. 애플은 2015년 이후 시장의 분위기가 무르익을 때를 기다려 완제품 스마트 TV 시장 진출을 엿보고 있다.

구글은 전략적 판단을 잘못해 많은 비용을 쏟아부었으며, 막대한 손해를 피할 수 없었다. 이 경우 근본 원인은 데이터 분석이 아니라 소비자에 대한 이해 부족과 잘못된 시장 전략에 있었다. 구글 TV의 실패는 다시 한 번 '기술이 아니라 문제에서 출발하라'는 교훈을 던져준다.

'어떻게 하면 구글 TV를 사용자가 쓰게 만들 것인가?'라는 문제에 대해 구글은 자사의 강력한 '분석 기반 광고 전략'을 해결책으로 들고 나왔다. 구글 TV의 패인은 구글의 머릿속에 '분석 기반 광고 전략'이 먼저 자리를 차지하고 있었기 때문이다. 다시 말해, 문제를 정의하기도 전에 답을 정해놓고 시작했기 때문에 실패한 것이다.

이렇듯 사고의 틀에 갇힌 채 문제를 해결하려 하면 조직의 집단 동조 현상 등에 빠져 올바른 의사결정을 하기 힘들다. 기술적으로 구글의 데이터 분석이 실패한 것이 아니라, 전략적인 의사결정에서 구글의 데이터 분석이 문제 해결에 전혀 도움이 되지 않았던 것이다. 문제에 집중하는 것, 이것이 바로 데이터 기술 기업이 데이터를 버려야 하는 이유이다.

그들은 왜 데이터 분석을 하는가?

데이터 분석은 최후까지 미뤄라

명함관리 앱을 사용해본 적 있는가? 스마트폰이 붐을 일으키던 시기, 한때 전 세계적으로 명함관리 앱이 유행했다. 스마트폰의 카메라로 명함을 찍으면 자동으로 문자를 인식해 이름, 회사, 전화번호, 이메일 등을 입력해주는 앱이었다. 초기에는 이러한 기능이 신기해서 명함을 카메라로 찍어서 연락처를 입력하는 사람들이 많았다. 하지만 2010년대 중반, 그 많던 명함관리 앱이 다 사라지고 캠카드(CamCard), 비즈리더(Biz Reader), 월드카드(World Card) 등 몇 개의 기업만이 명맥을 유지하고 있다. 도대체 명함관리 앱은 왜 실패했을까?

명함관리 앱의 1차적 타깃은 주로 업무상 사람을 많이 만나 영업하는 고객이다. 일반 직장인은 뜨내기 성격을 가진 데다 뒤늦게 반응하기 때문에 주요 타깃이 아니다. 1차 타깃인 영업사원의 입장에서 볼 때 명함관리는 소위 생계유지 수단이다. 매일 거래처를 방문하며 쏟아지는 명함을 수기로 관리하는 것은 매우 힘들지만 중요한 일이다. 명함을 일목요연하게 정리해 고객관리를 하는 것이 업무에서 매우 큰 비중을 차지한다. 따라서 명함관리 앱에 1차적으로 반응한 고객은 영업사원들이었다.

영업사원들은 무엇보다 명함 인식의 정확도에 매우 민감했다. 그 이유는 명함에 있는 전화번호, 직장, 이메일 주소 등 하나하나가 매우 소중한 정보이므로 잘못된 인식은 손해로 직결되기 때문이다. 따라서 영업사원은 중요한 정보를 관리한다는 측면에서, 정확도만 보장된다면 명함 스캔 및 등록 절차를 어느 정도 감수할 수 있었으며 일정 비용도 지불할 용의가 있었다. 명함관리 앱은 무엇보다 숫자 및 문자 인식의 정확도를 높은 수준으로 끌어올리는 것이 관건이었다.

기술 개발과 적용에 앞서 거쳐야 하는 필수불가결한 과정이 바로 고객의 행동 분석이다. 기술을 정교화하고 데이터를 분석하는 일은 그다음 문제이다. '고객이 무엇을 원하는가?'에서 고객이 원하는 요소와 그 필요 수준을 정의하는 것을 가치곡선(Value Curves)이라고 한다. 가치곡선 상 제품 및 서비스 각 요소의 중요도를 정의하고 보틀넥(bottleneck, 병목. 제품 이용에 장벽이 되는 요소)을 찾아야 한다. 명함관리 앱에서 보틀넥은 '인식 정확도'였다.

초기에 OCR(광학식 문자 판독기) 기술로 시작한 명함관리 앱 시장은 치열하게 기술 경쟁을 벌여왔다. 대부분의 명함관리 앱 기업은 스캐닝의 정밀도를 높이고 노이즈를 제거해 각각의 문자를 정확히 인식하는 데 초점을 두었다. 문자 변환 데이터를 분석해 표준 단어를 비교하고 변환 확률이 높은 단어를 추출했다. 그래서 각각의 문자를 변환할 때는 위치와 서체를 판단하고 표준 단어와 비교해 정확도가 높은 단어를 넣도록 기술을 끌어올렸다. 즉 문자 인식 기술을 향상시키기 위해 온갖 하드웨어 기술과 알고리즘 개발에 매진한 것이다.

그렇지만 이러한 기술에는 한계가 있었다. 아무리 정확도를 높인다고 하더라도 명함의 비정형 훼손 및 카메라의 다양한 특징 때문에 오차를 일정 수준 이하로 낮추는 것이 불가능했던 것이다. 결과적으로 앱 사용자(영업사원)가 요구하는 최소한의 조건이 충족되지 못했다. 따라서 영업사원은 명함 인식을 할 때마다 결과를 한 번 더 확인하고 오차를 직접 수정해야 했다. 이러한 수고가 계속되자 사용자들은 앱 사용을 중단하고 이전처럼 수기로 작성하는 경우가 많아졌다.

리멤버의 등장

2014년 초 등장한 명함관리 앱 '리멤버(Remember)'는 여타 명함관리 앱과 마찬가지로, 스마트폰으로 명함을 촬영하면 자동으로 정보들

을 입력해주는 서비스이다. 하지만 이는 기존 다른 앱들의 부진과
달리 대성공을 거두고 있다. 2014년 말 누적 처리 명함 600만 장을
돌파했으며, 이용자는 매달 평균 35퍼센트 이상 증가하고 있다. 리
멤버는 '아이튠즈 베스트 뉴 앱', '2014 네이버 어플 베스트 20'에
선정되는 등 명함관리 앱 시장에 그야말로 돌풍을 일으켰다.

혜성처럼 나타난 명함관리 앱 리멤버의 성공 비결은 무엇일까?
다름 아니라 인식 정확도를 영업사원이 원하는 수준까지 끌어올린
것이다. 리멤버의 명함 인식 정확도는 100퍼센트에 근접한다. 당연
히 기존 명함관리 앱에 실망한 영업사원들은 열광적으로 반응했다.
리멤버는 강한 네트워크를 형성하고 있는 영업사원들 사이에서 입
소문이 나며 순식간에 시장을 장악했다. 리멤버는 어떻게 인식 정
확도의 한계를 뛰어넘었을까? 어떤 알고리즘과 데이터 분석 기술
이 사용된 것일까?

놀랍게도 리멤버는 알고리즘이나 데이터 분석을 사용하지 않는
다. 문자 인식 기술을 통한 명함관리가 아니라 사람이 직접 일일이
입력한다. 400여 명의 리멤버 타이피스트들이 하루 평균 5만 장 넘
는 명함을 실시간으로 입력해주고 있다. 상당히 구시대적이며 비과
학적인 방법으로 보이지 않는가? 많은 IT 전문가와 경영인들이 코
웃음 치며 비웃은 것도 당연했다. 그러나 결과는 앞에서 본 그대로
이다. 기존 앱은 실패한 반면, 리멤버는 유수의 벤처 캐피털들로부
터 막대한 투자를 유치하며 성장을 거듭하고 있다.

기존 명함관리 앱과 리멤버의 접근 방식엔 무슨 차이가 있을까?

이것은 단순히 발상의 전환 문제가 아니다. 리멤버의 성공은 철저하게 '비즈니스 문제'에 집중한 결과이다. 리멤버는 최선을 다해 고객의 니즈를 파헤치고 이를 해결하려고 노력했다. '영업하는 사람들의 명함관리를 도와주는 것'이 기업의 지상 과제였던 것이다. 이들이 간파한 사실은 '사람들을 많이 만나는 영업인은 일반적으로 시간이 없고 노동력이 비싼 반면, 명함을 옮겨 적는 단순노동을 할 수 있는 인력은 상대적으로 시장에 많고 노동력이 저렴하다'는 것이다. 리멤버는 수요와 공급을 연결해 고객의 니즈를 해결했다. 여기에 어려운 문자 인식 기술은 필요 없다. 스마트폰으로 사진을 찍어서 저가의 노동력으로 입력하면 그만이다. 타이피스트를 고용해야 한다는 부담은 있지만, 노동시장 현황을 볼 때 별로 문제가 되지 않는다. 자동화와 대형화로 인해 저가의 재택근무 인력이 증가하고 있기 때문이다.

현재 상황에서 더 중대한 이슈는 바로 명함관리 시장의 헤게모니를 잡는 것이다. 명함관리 시장은 일종의 소셜 네트워킹을 가능하게 하는 플랫폼 시장이다. 리멤버라는 플랫폼을 기반으로 확장 검색 같은 네트워크 서비스를 증대시켜나가면 링크트인(LinkedIn)과 같은 글로벌 기업이 해결하지 못한 영업 중심의 고객층을 확장할 수 있다. 또한 비즈니스맨 맞춤형 광고 서비스를 개시할 경우, 구글, 페이스북, 트위터(Twitter) 등과의 플랫폼 대결이 불가피하다. 이러한 플랫폼 시장에서는 기술 증대로 인한 완벽한 솔루션 개발보다 사용자의 양을 증대시켜 선순환 궤도에 오르는 것이 그 무엇보다 중요하다.

성과를 내는 데는 수단과 방법을 가릴 필요가 없다. 소위 '있어 보이는' 데이터 분석이나 알고리즘 기술에 얽매일 필요가 전혀 없다. 중요한 것은 고객이 필요로 하는 것을 파악하고 그것을 해결하는 것이다. 많은 명함관리 앱업체들이 기존의 인식 결과 데이터에만 매달려 정확성 위주의 알고리즘 개선에 시간을 보낼 때, 리멤버는 고객의 '니즈'를 해결하고 시장의 주도권을 잡는 데 성공했다.

문법대로 번역하지 않는다

자동 번역이란 인간이 사용하는 자연 언어를 컴퓨터를 사용하여 다른 언어로 번역하는 것을 말한다. 2012~2015년 세계 자동 번역 시장의 연평균 성장률(CAGR)은 18.1퍼센트에 달했으며, 글로벌화가 급속히 진행되면서 정교한 번역 알고리즘 개발 경쟁이 갈수록 심화되고 있다. 과거 자동 번역 시스템은 주로 문법 기반의 SYSTRAN(systems translation, 시스템 분석 번역 장치) 번역기를 사용했다. 이는 원문 중에 나타나는 각 요소(단어)의 구조적 조합을 목적문(번역문) 속 각 요소의 구조적 조합과 대응시키는 형태로 번역하는 기술이다. 따라서 SYSTRAN 번역기는 대부분 문법이 정확하고 논리 구성이 분명한 기술 문헌이나 매뉴얼에 사용되었다.

그러나 회화나 문학작품 등은 일정 수준 이상의 번역 품질을 기대할 수 없었다. 특히 구어, 관용어의 번역이 매우 어려웠다. 예를 들어 'Here is a cup of coffee for you'라는 영어 문장을 우리말로 번역할 때 '커피를 드리겠습니다'로 의역하지 않으면 안 되기 때문이다. 문헌에 기록된 언어와 달리 우리가 일상적으로 사용하는 언어는 대부분 시대와 장소에 따라 끊임없이 임의적인 변형이 일어나며 거대한 다양성을 만들어낸다. 따라서 전문가들 사이에서는 알고리즘에 기반한 자동 번역의 한계가 명백하다고 지적했다. 결국 자동 번역 기술 시장은 깊은 침체기에 빠지고 말았다.

번역은 의미 전달이다

2000년대 들어 자동 번역 시장의 부흥을 이끈 것은 다름 아닌 빅데이터였다. 이전에는 '번역=문법'이라는 기술적 패러다임에 사로잡혀 사용자의 니즈를 충족시키는 길이 요원해 보였지만, '의미 전달'이라는 본질적 목표에 집중한 연구가들은 '의미로 전달'한 결과(번역)의 빅데이터를 이용해 '통계적으로' 해결했다.

세상에는 뛰어난 번역 전문가들이 노력을 기울여 작성한 수많은 번역 결과 데이터가 존재한다. 의역에 대한 시도는 이들의 번역 결과를 가공해 집단 지성처럼 활용하자는 개념에서 출발했다. 구글의 통계 기반 자동 번역 서비스는 2007년에 처음 선을 보였다. 빅데이터를 수집한 결과, 구글은 번역된 결과가 충분히 많다는 것을 알게 되었다. 먼저 유엔 공문서(the United Nations Documents)에 사용된 200억 개 정도의 단어 데이터를 활용했다. 유엔 전문 번역사가 번역한 결과에서 패턴을 찾아 번역 시스템을 만든 것이다. 자동 번역 프로그램을 개발하는 과정에서 문법 규칙은 미련 없이 버렸다. 문법 규칙이 없는 문장 번역은 불가능한 것처럼 생각될지 모르지만, 우리의 목적은 A 언어의 의미를 B 언어의 의미로 바꾸어 전달하는 것이다. A 언어에서 B 언어로 번역하는 과정상의 논리적인 흐름은 중요하지 않다. 구글의 초점은 번역의 '결과', 즉 사용자 입장에서의 정확한 '의미 전달'에만 맞춰져 있었다.

인간이 사용하는 말에는 문법 규칙에 맞춰 논리적으로 번역하는 것이 정확한 문장이 있고, 통계를 기반으로 번역하는 것이 정확한 문장이 있다. 구글은 회화 및 문학작품의 성격을 띠는 문헌에 대해 형태소 분석으로 단어를 구분한 뒤 문법은 통계로 해결했다. 똑같은 뜻인데 다른 두 언어로 쓰인 수많은 언어 쌍을 바탕으로 통계를 내는 것이다.

일단 통계 정보를 기초로 앞뒤 단어의 연결 관계나 어순을 여러 가지 경우에 따라 확률을 계산해 가능성이 가장 큰 번역문을 만든다. 보다 정확한 번역을 하려면 통계를 낼 수 있는 언어 쌍이 많아야 한다. 번역 데이터가 많을수록, 그리고 최근 번역 결과가 많을수록 번역의 품질이 높아진다. 이것이 바로 집단 지성의 원리이며, 빅데이터 활용의 묘미이다. 구글은 빅데이터가 쌓일수록 꾸준히 발전하는 시스템을 구축했다.

이러한 인간 중심의 기술은 지속적이고 다양한 발전을 가능케 한다. 의미 전달을 중심으로 모델을 개선해나가다보면 자연 언어의 모호함이나 억양 변화, 심지어 침묵의 언어까지도 이해하게 되고,

향후에는 머신러닝 기술에 의해 컴퓨터가 사람처럼 일반적인 상식에 기반을 둔 사고까지 가능하게 된다. 따라서 개인 비서가 되어 동시통역도 할 수 있다. 문법 규칙 기반의 번역 기술 틀에서는 도저히 도달할 수 없는 발전상이다.

기존 번역의 한계를 뛰어넘은 통계 번역의 성공 원리는 무엇일까? 바로 성공적인 데이터 분석은 '목표 지향적' 질문에서 출발한다는 것이다. 올바른 목표 지향적 질문은 "어떻게 하면 문법 규칙을 보다 정교하게 개선할 것인가?"가 아니라, "어떻게 언어의 의미를 사용자에게 온전히 전달할까?"이다. 문법 규칙에 매몰되어 자동번역기를 개발하다보면 한계를 벗어날 수 없다. 대부분의 전문가들은 번역의 질을 높이기 위해 프로그램 개선에 갖은 노력을 기울였지만, 기술의 늪에서 헤어나오지 못하고 가장 중요한 '인간'을 보는 눈을 잃어버렸다. 반면 사람의 가치 측면에서 접근해 답을 내고자 하는 목표를 추구한 결과, 통계 번역이라는 새로운 패러다임이 구축될 수 있었다. 기술보다 사람을 먼저 보는 것이 데이터 분석이 성공할 수 있는 유일한 길이다.

공항 교통 데이터 분석

A 공항은 공항 이용 교통 인프라 시스템을 최적화하기로 하고, 필자에게 빅데이터를 이용해 최적 인프라를 구축하는 방안을 문의해왔다. 당시 A 공항은 지역별 거주인 숫자와 그에 따른 노선을 거미줄처럼 촘촘히 설계하려고 구상했다. 하지만 이는 비효율적인 방법으로, 많은 자원 낭비가 예상되는 일이었다. A 공항은 주로 GIS(Geographic Information System, 지리 정보 시스템) 데이터를 분석해 경제력과 연결된 인구밀도에 따라 답을 내도록 요청했지만, 사실 그러한 데이터는 문제 해결에 불필요했다.

지역의 공항 교통 니즈를 도출하는 가장 좋은 데이터는?

필자는 우선 공항 이용객들의 이동경로를 알아보기로 했다. 우리의 목적은 'A 공항 교통에 대한 니즈가 있는 고객이 공항까지 수월하게 이동할 수 있는 교통 인프라를 구축하는 것'이다. 따라서 니즈가 있는 고객의 위치를 정확히 포착하는 것이 급선무였다. 나는 공항 교통 니즈를 파악하기 위해 GIS 대신 일정 기간의 통신 정보와 교통 정보 데이터를 요청했다.

1. 통신 정보 분석

통신 정보를 분석하기 전에 우선 공항 이용객을 분별했다. 최종적으로 비행기에 탑승한 사람(비행기가 이륙할 때 휴대전화를 종료시킴), 또는 공항에서 통화가 발생하거나 근처 기지국에 파악된 사람들을 찾아 이들을 공항 이용객으로 간주하고, 그들의 거주지를 역추적했다. 이용객이 전날 밤부터 오전까지 통화한 위치를 거주 지역으로 보고, 그 거주 지역의 발견 횟수를 지도 상에 표시했다. 그것이 그 지역의 공항 교통 니즈이다. 데이터가 충분히 많기 때문에 매우 정확하게 나타난다.

2. 교통 정보 분석

두 번째로 교통 정보를 분석해 현재 고객이 불편을 겪고 있는 사항을 도출하는 데 사용했다. 먼저, 최종 종착지가 공항인 고객을 추출해 그들의 최초 탑승 위치를 추적한 뒤 지도 상에 표시했다. 그곳이 정확한 니즈 발생지는 아니더라도 현재 어느 지역에 과하게 트래픽이 일어나고 있으며 니즈 해소가 필요한지 추정할 수는 있다. 정류장별로 교통량 쏠림 현상이 있어서 지역 단위로 트래픽을 지수화할 필요가 있었다.

3. 지역 단위의 공항 (교통) 니즈 도출

통신 정보와 교통 정보를 종합해 세부 지역 단위의 시간대별 탑승 횟수를 계산해 공항 (교통) 니즈를 지도에 표시했다.

4. 공항 이용 교통 인프라 시스템 최적화

각 니즈를 해결할 수 있는 교통 시스템은 시나리오에 기반해 시뮬레이션을 수행했다. 우선 고객 조사를 통해 가격 지불 의향과 운행 소요 시간을 검토해 각 지점을 잇는 '공항 교통 서비스 제공 가설'을 수립했으며, 시나리오별 수익성을 계산해 최적의 노선 운영 시스템을 제안했다.

또한 지역별 대중교통(버스, 지하철 등)이 없는 경우, 노선 추가를 검토하거나, 지역별 적정 배차 시간, 배차 간격, 시즌별 배차량 등을 도출했다.

문제 해결을 위해 무작정 데이터에 달려들기 전에, 우리는 늘 "데이터가 꼭 필요할까?"라는 질문을 던져야 한다. 필자의 경험상, 빅데이터 분석 컨설팅을 요청한 경우 극소수의 데이터만 사용하거나, 심지어 데이터를 전혀 쓰지 않고 문제를 해결하는 경우도 많았기 때문이다. 중요한 것은 문제를 해결하는 것이지, 데이터를 들여다보는 것이 아니다.

로봇과 머신러닝의 시대, 인간은 무엇을 해야 하는가?

로봇 기술

미래 시대를 배경으로 로봇과의 사랑 이야기를 다룬 영화 〈그녀(Her)〉(2013)에서, 주인공은 인공지능 OS(운영 체제)인 여성과 사랑에 빠진다. 이 여성 OS는 남성인 주인공에게 단순한 이야기 상대 역할을 넘어, 주인공과 사랑을 나누고 그의 감정을 만족시킨다. 남자의 반응에 따라 유머를 던지고, 감정적으로 연약한 부분을 어루만져주는 것이다. 즉 로봇이 인간의 감정까지 컨트롤하며 인간에게 행복을 전달하는 수준에 이른 것인데, 많은 미래학자는 이런 일이 불가능하지 않다고 말한다.

AB 테스트

쇼핑몰, 홈페이지, 포털 등 웹사이트를 개발할 때 종종 AB 테스트라는 것을 거친다. 랜덤으로 고객을 두 그룹으로 분류해 A 페이지와 B 페이지를 선보이고 반응이 좋은 페이지를 선택하는 것이다. 예를 들어 A 페이지에 대한 반응이 좋으면, 또 다른 B 페이지를 만들어 A 페이지와 비교 테스트를 한다. 이와 같은 실험을 수차례 반복하면 최적의 페이지를 만들 수 있다. 아마존, 이베이(eBay), 페이스북 등 IT 서비스 기업들은 AB 테스트를 통해 개인화된 쇼핑몰 구성으로 홈페이지를 최적화했다.

이론적으로 봤을 때, 데이터만 충분하다면 궁극적으로 AB 테스트를 자동화해 꾸준한 시행착오를 거치게 해서 자동적으로 최적의 결과를 만들어낼 수 있다. 그렇다면 앞으로는 굳이 어렵게 웹사이트를 꾸미고 구매 유도를 고민할 필요가 없어질까?

머신러닝

머신러닝이란 인공지능의 한 분야로서, 컴퓨터가 데이터를 통해 학습하고 사람처럼 어떤 대상이나 상황을 이해할 수 있게 하는 기술이다. 로봇 기술과 AB 테스트 모두 머신러닝 개념을 활용한 자동화 기술이다.

구글은 2012년 구글 브레인 프로젝트를 통해 머신러닝의 성과를 보여주었다. 컴퓨터가 유튜브에서 스스로 고양이 이미지를 찾아낸 것이다. 1만 6,000개의 중앙 프로세싱 유니트를 갖춘 구글 슈퍼컴퓨터는 유튜브에서 공유된 많은 고양이 이미지가 유사한 캐릭터를 가지고 있다는 사실을 배웠다. 이는 AB 테스트와 통계적 확률로 알고리즘을 구성한 것인데, 고양이 인식을 수행해 수만 번 시행착오를 거치고, 실제 고양이로 정의된 그림과 가장 유사한 그림을 통계적으로 찾는 방식이다. 이러한 머신러닝으로 학습된 컴퓨터는 인간보다 더 뛰어나게 사물을 인식한다. 그렇다면 머신러닝은 인간의 지시(목표)에 의해서만 작동할까? 새로운 분야에서 통찰력을 찾고 직접 학습하는 머신러닝도 가능하다. 예를 들어 인간이 많은 이미지 가운데 '고양이 이미지'를 먼저 정의하지 않더라도 컴퓨터가 먼저 '고양이'를 인지할 수 있다. 그 방법은, 인간의 오감으로 얻은 다양한 데이터를 편견 없이 클러스터링해 공통적인 특징을 파악하는 것이다. 갓난아이가 세상을 신기한 눈으로 바라보며 나름대로 이해하는 것과 같다. 아날로그(인간의 오감) 방식을 디지털(데이터)화했을 뿐이다. 이는 앞서 살펴본 고객 프로파일링(Client Profiling), 클러스터링(Clustering) 방식과 똑같다.

딥러닝

현대의 머신러닝은 '인간의 뇌가 어떻게 작동하고 있는지'를 분석하고 모델링하는 딥러닝(Deep Learning)으로 발전하고 있다. 딥러닝의 종합 인지 능력은 새로운 통찰력을 얻는 데도 유용하다. 예를 들어 인간이 고정관념으로 놓치고 있던 가치를 발견하는 데 도움을 주기 때문이다(과거 '인간의 목소리 화음'

에 기반을 둔 클래식 음악의 고정관념에 사로잡힌 시대에 '자연의 화음'인 뉴에이지 음악을 발견하게 된 상황과 유사하다).

딥러닝으로 컴퓨터의 학습 능력을 인간 수준으로 끌어올리는 계획을 진행 중이다. 이것이 가능해지면 학습된 로봇이 인간보다 일을 더 잘하게 된다. 미래에는 이러한 자동화 기술로 인해 대다수의 직업이 로봇에 의해 대체되고 인간이 할 수 있는 일이 많이 사라질 것이다.

빅데이터 활용은 '창조적 문제 해결'이다

그러나 이러한 자동화 기술에는 두 가지 한계가 있다. 첫째, 인간은 모두 다르며 비정형적인 문제가 꾸준히 발생한다는 점이다. 둘째, 기계는 사람이 설정한 방향을 벗어나지 못한다는 점이다. 따라서 창의적인 해답을 내는 부분에서는 머신러닝을 적용할 수 없다.

데이터 분석 관점에서 보면, 자동화 기술로 꾸준히 발전적인 데이터 분석 모델을 만들고 더 정교하게 가치를 창출할 수는 있으나, 출발점에서 활용 방향을 정하는 것은 '인간의 문제 해결력'에서 나온다는 것이다. 아마존에서 고객에게 구매를 유도하기 위해 추천 상품 화면을 만들고 개인화 프로모션을 제공하는 것이나, 인공지능 OS가 인간관계에서 필요한 감정을 컨트롤하는 것이나, 모두 인간의 통찰력에 기반한 인간 행동 원리 파악과 창조적 문제 해결이 필요하다.

앞으로 과거처럼 물질적 풍요를 위한 일은 점차 사라질 것이다. 더 나아가, 물질이 충분히 많으면 인간은 물질이 많이 필요치 않다는 것을 알게 될 것이다. 하지만 우리 인간이 할 수밖에 없는 것은 깨닫고 창조해나가는 능력이다. 배우는 것과 깨닫는 것은 다르다. 비정형 문제에 대해 퍼즐을 짜 맞추고 해결해나가는 능력은 '배우는' 것이 아니고, 살아 있는 인간만이 할 수 있는 '깨닫는' 능력이다.

2부

데이터는 사람이다

고객이 되어 생각하라

한 국내 기업이 빅데이터를 가공해 고객의 미래 쇼핑 가능 여부를 산출한 '구매력 지수'라는 솔루션을 개발했다. 고객의 구매내역 및 인구통계 정보를 분석해 경제력을 예측하고, 자사의 다른 쇼핑 채널에서 얼마나 구매할 것인지 추측하는 것이다. '돈 많은 고객은 어디서든 활발하게 쇼핑을 할 것'이라는 아이디어에서 나온 결과이다.

얼핏 들으면 매우 솔깃한 내용이다. 데이터 분석이라는 마법 상자에서 우량 고객을 찾아내어 집중적으로 교차판매(Cross-sell, 새로운 종류의 상품 구매) 마케팅을 하면 매출이 쑥쑥 오르지 않겠는가. 구매 가능 지수 솔루션은 당시 업계에 큰 파장을 일으키며 각종 IT 협회의 상을 휩쓸었으며, 데이터 분석업계의 스포트라이트를 한 몸에 받았다. 그렇다면 구매 가능 지수 솔루션은 실제로 효과가 있었을까?

업계의 기대와 달리 구매력 지수는 전혀 성과가 없었다. 구매력 지수에 기반하여 마케팅을 시도했지만, 기존 방식인 자사 우수 고객 위주의 마케팅보다 훨씬 효과가 낮았다. 이 솔루션은 현업에서 신뢰를 완전히 잃었으며, 결국 기업에서도 폐기처분했다. 결과적으로 데이터를 분석해 고객의 구매력을 파악하려는 시도는 대실패로 끝났다. 구매력 지수 분석이 실패한 이유는 무엇일까?

이유는 단 하나이다. 고객의 본질적인 니즈에서 출발하지 않았기 때문이다. 이를테면 "명품관에서 해외 명품 잡화를 많이 구매하는 고객은 온라인 쇼핑몰에서도 구매력이 높을 것이다"라는 개념에서 출발해 고객의 구매력을 측정하고 온라인쇼핑몰에서의 교차판매를 시도하는 것인데, '구매력'과 '구매 니즈'는 엄연히 다르다. 단순히 "돈이 많으면 어디에든 돈을 많이 쓸 것이다"라는 가정은 지극히 단순한 생각이며, 인간의 구매 행동을 관찰해보면 전혀 사실이 아니다. 구매는 니즈가 있어야 발생하기 때문이다.

편의점에서 아르바이트를 하더라도 수십만 원짜리 운동화를 신는 것이 사람이다

경제력이 높은 고객이 구매력이 높은 것은 사실이지만, 이를 니즈라고 판단해 활용하는 것은 절대 금물이다. 예를 들어 백화점에서 VIP 대접을 받으며 럭셔리한 쇼핑을 즐기는 사람이라도 온라인으로는 검소하게 구매할 수 있으며, 반대로 집 근처 마트에서는 할인 상품 위주로 구매하지만 온라인에선 명품 쇼핑을 즐기는 경우도 많다. 따라서 고객의 성향과 쇼핑 패턴을 아는 것이 최우선이다. 고객의 성향에 따라 '집중적으로 소비하는 분야'가 다르기 때문이다.

어느 고객이 특정 쇼핑몰을 자주 이용한다면 그 이유가 있다. 또한 돈이 많은 고객임에도 특정 쇼핑몰에서는 구매하지 않는다면 그 또한 분명히 이유가 있다. 우리는 그 구체적인 이유와 더불어 고객의 니즈를 찾아야 한다. 먼저 사람의 입장에서 이유를 찾고 원리를 이해해야 한다. 그러고 나서 해결 방법을 명확히 정하고 데이터를 활용해야 한다(이를 컨설팅에서는 가설접근이라고 한다).

그러나 대부분의 기업들은 거꾸로 데이터부터 분석하려 든다. 데이터를 이 모양 저 모양으로 추출해보며 괜찮은 통찰력이 떠오르기를 바란다. 그리고 막연히 '돈이 많기 때문에 어느 쇼핑몰에서나 많이 구매할 것'과 같은 발상으로 모델링에 들어간다. 일단 IT 부서에서 분석 결과 및 통계를 제공하면, 현업에서 필요한 정보를 알아서 사용하고 최종적으로 고객에게 가치가 전달되기를 바란다.

이러한 접근법은 IT 위주의 접근법이다. 마치 요행을 바라듯, 데이터로 추출이 용이한 정보만 내놓고 될 대로 되라는 식이다. 당연히 비효율적인 과정이며, 현업에서는 '쓸 자료가 없다'고 불만을 터뜨린다. '이 정도 만들어놓았으면 알아서 사용하겠지'라는 IT의 입장과 '뜬구름 잡는 탁상공론일 뿐'이라고 여기는 현업의 인식 차이는 도무지 좁혀지지 않는다. 결국 고객과 기획 및 마케팅이 아닌, IT에서 시작했기 때문에 본질적으로 한계에 부딪힐 수밖에 없고, 당연히 성과가 나지 않는 것이다.

실패하는 데이터 분석

데이터 분석은 수학의 문제풀이와 유사하다.

학생이 수학을 못하는 가장 좋은 방법은 '해답에 나온 순서대로' 문제를 푸는 것이다. 해답에는 숫자를 공식에 넣고 답을 내는 과정이 순서대로 기록되어 있다. 이러한 순서로 문제를 푸는 훈련을 한 학생은 언제나 '숫자'와 '공식'에서 출발한다. 하지만 그런 학생은 실제 시험 때는 문제를 풀 수 없다. 문제를 보는 순간 온갖 숫자(Data)와 공식(Tool)이 머릿속에 꽉 차서 헤매게 되어 답을 낼 수 없다.

수학 문제를 푸는 순서는 정반대이다. 수학 문제를 풀기 위해서는 '답을 어떻게 구할까?'라는 고민에서 출발한다. 그다음 논리적 과정을 세우고 필요한 공식을 선택한다. 최종적으로 숫자를 대입해 문제를 푼다. 숫자와 공식이 아무리 많아도 모두 사용할 이유가 없다. 필요한 숫자와 공식만 선택해 문제를 풀면 되는 것이다.

수학적 문제 해결

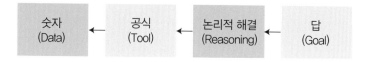

수학의 순서는 빅데이터의 순서와 같다. 데이터에서 출발하면 일을 복잡하게 만들 뿐 성과가 나지 않는다. 답(성과)에서 출발하면 고객의 니즈를 찾게 되고, 그러면 어떠한 데이터를 사용해 문제를 해결할지 알게 된다. 고객과 현업의 니즈에서 출발해 데이터를 가공하고 활용하는 것, 이것이 구글과 페이스북을 비롯한 글로벌 IT 기업이 지향하는 방식이다.

고객의 니즈를 알기 위해서는 실제로 고객이 되어 생각해보는 롤플레잉 시뮬레이션(Role Playing Simulation)을 수행해야 한다. 고객의 입장이 되어 "왜 쇼핑몰에 들어오는가? 왜 구매하는가?"라는 질문에서 시작해 그 고객의 삶을 살아보는 것이다. 하루 일과를 어떻게 하는지, 물건을 구매할 때 어떤 생각을 하고 의사결정의 흐름을 거치는지, 그리고 핵심 포인트인 '구매 시 우리 쇼핑몰을 이용하거나 이용하지 않는 계기가 무엇인지' 정확히 파악해야 한다. 이를 위해서는 관찰조사와 인터뷰, 리서치 등이 필요한데, 이는 데이터로 해결할 수 없는 것들이다.

그런 다음에야 영업, 마케팅 등 현업에서 수행할 수 있는 방안을 만들고 이에 대한 모델링을 한다. 현업 관점에서 고객에게 가치를 주는 방법을 고민하고 데이터 수준을 함께 고려한 데이터 분석 전략을 수립한다.

데이터는 최종적으로 가설을 검증하고 모델링을 정교화하는 데만 활용할 뿐이다. 최종적으로 '빅' 데이터 중 필요한 데이터는 1퍼센트 미만이다.

데이터 분석 원칙

데이터 통찰력 모델링 수행 고객

데이터 분석은 IT와 마케팅의 종합적인 영역이다. 먼저 고객 중심의 마케팅 관점에서 방향을 수립한 후, 고객의 니즈를 해결하는 방안을 데이터 분석으로 제시하지 않으면 실패는 불 보듯 뻔하다.

보험사의 블루오션 전략

또 다른 케이스를 살펴보자. 국내 한 보험사에서 매출 정체를 겪고 있었다. 이를 해결하기 위해 IT 부서에서 방안을 마련했다. 자사 보험상품의 특성과 고객 통계 정보를 분석해 영업 자원을 집중할 전략 지역을 찾은 것이다. 그 결과 충청도의 한 지역이 선정되었다.

"충청지역은 우리의 평균 매출보다 낮으며 우리 주 고객의 연령대와 비슷한 주민이 많으니 매출을 타 지역 평균으로만 올리면 회사의 매출도 급증할 것이다." 얼핏 들으면 그럴듯해 보인다. 별다른 노력 없이도 다른 지역만큼만 하면 매출이 크게 오를 것이기 때문이다. 회사에서는 당장 계획을 세우고 충청지역에 마케팅 자원을 집중해 대대적인 매출 제고에 나섰다. 기존 경쟁사보다 조건이 좋은 상품도 개발해 만반의 준비를 갖췄다.

그러나 충청지역 집중 판매 전략이 실행된 지 몇 달이 지나도 매출은 오를 기미가 보이지 않았다. 다른 지역만큼만 나오기를 바랐는데 여전히 한참 못 미쳤다. 무엇이 문제였을까?

필자는 보험사의 전략이 현실성이 떨어지는 계획이라고 설명했다. 그 이유는 '고객'의 보험상품 니즈 측면에서 접근한 것이 아니기 때문이다. 기업이야 블루오션에 진출해 큰 성과를 얻으려는 의도였지만, 그것은 고객의 입장이 아니었다. 최우선 과제는 고객의 입장에서 왜 구매하지 않는지를 고민하는 것이다.

"충청지역 매출을 올리는 방안은?"이라는 질문보다, "충청지역 고객은 누구인가? 왜 매출이 나오지 않을까? 다른 지역보다 열심히 노력하지 않아서 충청지역의 매출이 낮았을까? 고객의 행동 특징은 무엇일까? 단순히 자원을 집중한다고 매출이 나올까?"와 같은 질문이 우선되어야 한다.

금융상품은 영업 중심의 상품이므로, '한 번 판매한 고객에게 다시 파는 것'이 최초 판매를 일으키는 것보다 훨씬 쉽다. 그 이유는 보험상품은 주인-대리인 문제(Principal-Agent Problem)가 작용하는 상품이기 때문이다. 고객은 어려운 금융상품을 잘 모른다. 꼭 필요한 몇 가지 숫자(보험료, 기간 등)만 이해하고 나머지는 모두 설계사에게 맡긴다. 상품의 가치와 신뢰의 비중은 20:80의 법칙을 따른다. 고객은 신뢰에 의지하며 전혀 합리적으로 의사결정을 하지 않는다. 따라서 신뢰를 얻고 심리적 장벽을 제거한 고객에게는 영업이 매우 쉽다.

그러나 신뢰를 쌓는 데 오랜 시간이 필요하다. 보험사에서 처음 진출하는 지역에 신뢰를 쌓고 브랜드 이미지를 구축하려면 많은 시간이 필요하며 자원만 많이 투입한다고 해결되는 것이 아니다. 특히 충청지역 고객은 일반적으로 보수적이며 이방인에 대해 조심스러운 태도를 보인다. 충청지역의 시장과 고객을 이해하고 전사 전략적 차원에서 중장기적으로 접근해야 하는데, 데이터 분석과 경제논리로만 접근한 것이 실패의 요인이었다.

고객을 돈으로 보지 마라

"북극에서 냉장고를 파는 방법은?"

영업사원 인터뷰 시 흔히 하는 질문이다. 기업에서는 니즈가 없으면 만들어서라도 최선을 다해 팔아야 한다는 답을 기대하고 있다. 이것은 과거 '공급자 중심'의 비즈니스 마인드이다. 현대에는 게임의 룰이 완전히 바뀌었다. 공급(물량, 정보)이 넘쳐나는 현대는 '수요자 중심'의 시장이기 때문이다. 열심히 하는 것도 좋지만 고객의 관점에서 구매하는 원리를 따져봐야 한다. 왜 냉장고를 사용하지 않는지, 냉장고의 니즈가 있는지, 현재 무엇이 구매를 가로막고 있는지 등을 먼저 이해하고 마케팅과 영업을 하지 않으면 수요자 중심 시장에서 살아남을 수 없다.

구매력 지수와 보험 블루오션 전략, 두 가지 경우 모두 단순히 고객의 경제력에 기반해 판매 가능성을 계산한 사례이다. 필자가 컨설팅한 대부분의 기업들은 고객을 세분화(세그멘테이션)할 때 자사의 입맛에 맞게 최우수, 우수, 일반 등으로 나눈다. 그러나 이것은 어디까지나 기업 중심의 시각이며 근시안적인 방법이다. 기업에서는 언제나 매출과 수익의 압박에 시달린다. 따라서 고객에 대해 깊이 이해하려 하기보다는 당장 눈에 보이는 금액을 중요시한다. 하지만 고객 객단가, 수익성 등은 '기업'에 중요한 숫자이지, '고객'에게 중요한 숫자가 아니다. 이는 소비자 중심이 아니라 철저하게 공급자 중심 마인드이다. 이렇게 나눈 고객 세분화로는 고객을 알 수 없다. 돈을 얼마만큼 썼다는 공통점 빼고는 모든 것이 다른 고객들을 각각 어떻게 이해할 수 있겠는가? 이러한 정보는 마케팅에 사용할 수 없으며 사용한다 해도 성공하지 못한다. 고객을 돈으로 보기 전에 한 발 물러서서 그들의 행동 원리를 관찰하고 본질적인 니즈를 파악하는 것이 필요하다.

두 사례 모두 '고객이 실제로 구매할 것인가'에 대한 니즈를 외면하고 있다. 고객의 니즈를 고려하지 않고 데이터에 매달리는 것은 수박겉핥기일 뿐이다. 현장에서 직접 활동한 영업 전문가는 이러한 고객의 니즈를 경험적으로 알고 있다. 그러나 IT나 마케팅처럼 현장에서 멀어질수록 고객 중심적 해결책을 내는 데 어려움을 겪으며, 실제 성과로 연결되지 않는 '분석을 위한 분석'만 하는 경우가 많다.

〈사람이 꽃보다 아름다워〉라는 노래가 있다. '꽃=데이터'라고 생각하면, 데이터가 아무리 중요하더라도 사람보다 중요하지는 않다. '사람'에서 출발하라. 데이터 분석이 성공하기 어려운 이유는, 데이터 분석 전문가는 고객을 이해하는 능력이 부족하기 때문이다.

빅데이터, 사람에게서 출발하라

셜록 홈스가 등장하는 단편소설 「실버 블레이즈(Silver Blaze)」에서는
마부가 죽고 경주마가 도난당하는 사건이 발생한다. 홈스는 사건
현장을 조사하면서 사건 관계자들에게 물었다.

"그날 밤 특이한 일은 없었나요?"

사건 관계자들은 하나같이 대답했다.

"특이한 일은 전혀 없었습니다."

홈스는 다른 질문을 던졌다.

"그럼 그날 밤 개는 어땠죠?"

그러자 모두들 대답했다.

"개는 조용히 있었습니다."

홈스가 대답했다.

"그것이 특이한 것 아닌가요?"

원래 개는 침입자가 나타나면 짖어서 가족에게 알리는데, 그날 밤 개가 짖지 않았다는 것은 분명 특이한 일이었다. 홈스는 개가 잘 아는 사람이 범인이라는 추리에 도달했다. 홈스는 가설적으로 '범인의 입장'에서 집에 침입하면서 상황을 검증했는데, 개가 짖지 않았다는 사실이 이상했던 것이다.

프로파일링이란

고객 분석도 마찬가지이다. 고객 입장에서 가설을 세우고 데이터를 관찰하면 고객을 이해하는 데 결정적인 데이터가 눈에 들어온다. 유능한 빅데이터 분석가는 데이터베이스를 가공해 꼭 필요한 특징들을 뽑아내고, 그것으로 현실적인 고객의 모습을 그린다. 고객이 데이터베이스에 남기고 간 흔적들을 주워 모아 고객의 얼굴을 그리는 것이다.

이는 마치 수사관이 피해자에게 범인의 특징 및 행동을 물어보고 수사망을 좁히는 것과 같다. 이것을 '고객 프로파일링'이라고 한다. 프로파일링은 리테일 마케팅 전문 기업인 '던험비(Dunnhumby)'나 월마트 데이터 분석 팀에서 주로 하는 방식으로, '고객의 행동 원리를 이해하는 것'이 주목적이다. 데이터로 그려낸 고객의 모습은 고객 자신이 알고 있는 것보다 더 정확하다.

다음은 과거 「뉴욕 타임스」에 보도된 미국 소매업체 타깃(Target)

의 사례이다. 미국에서 한 여고생 딸을 둔 아버지가 타깃 매장을 찾아와 "어떻게 여고생에게 임산부용 쿠폰을 보낼 수 있느냐"고 항의했다. 그러나 며칠 뒤 실제로 딸이 임신 3개월인 것으로 판명되었다. 타깃이 여고생의 임신 사실을 누구보다 먼저 알아채고 쿠폰을 보낼 수 있었던 것은 고객 프로파일링 분석 효과였다. 타깃은 튼살 방지 크림, 특정 속옷 등의 구매 내역을 토대로 고객의 임신 사실을 정확하게 짚어내고 연관 상품을 추천, 판매한 것이다.

클러스터링(군집화)이란

필자의 경험상 많은 경영자가 고객의 한 가지 특성만 보고 성급하게 일반화하여 접근하려는 방식을 취한다. "온라인 고객은 무조건 가격이야. 그러니까 싸게만 주면 돼" 하는 식이다. 그러나 이러한 고객 이해 방식은 매우 위험하다. 인간은 라이프 스타일이나 행동 패턴이 서로 다르다. 고객의 공통적 특성을 파악하는 것이야 괜찮지만, 그 정도 수준은 시장 경쟁자 대부분이 인지하고 있다. 따라서 이미 레드오션이 형성되어 있다.

차별화된 경쟁력을 갖추기 위해서는 (마케팅 활용 가능한 범위 내에서) 고객을 유형별로 군집화하여 각각의 특성을 이해해야 한다. 고객의 유형마다 생활 패턴이나 상품 구매 행동 특성이 다르다는 것을 인지하면 이후 전체 고객을 이해하는 종합적인 시각을 갖게 된다. 이후 타깃을 정하고 타깃의 미묘한 행동 특성을 이용해 경영 전략을 수립해야 한다.

이 과정에서 데이터 분석이 수행되는 것이다. 고객의 유형 몇 가지를 가설적으로 그려보고, 고객 프로파일링을 통계적으로 군집화하면 유사한 유형끼리 뭉치게 된다. 고객 유형별 행동을 이해하고 이에 맞춰 마케팅을 하면 최선의 성과를 얻을 수 있다.

사람의 특징을 숫자로 이해한다: 프로파일링

고객 프로파일링을 설명하기 위해 이제부터 소개하려고 하는 사례는 미국에 본사를 둔, 온라인 쇼핑몰로 출발한 글로벌 소매업체가 의뢰한 프로젝트이다. 이 회사는 온라인 사업이 성공한 데 힘입어 오프라인으로 진출했는데, 기대와 달리 오프라인 매장에서는 고전을 면치 못하고 있었다. 이들의 계획은 막연히 '온라인 고객을 오프라인으로 끌어들여 신규 우량 고객을 늘리는 것'이었다. 그런데 어떻게 고객을 타깃으로 삼느냐가 문제였다. 무리하게 대대적인 프로모션을 진행해 비용을 낭비할 수는 없었기 때문이다.

따라서 필자는 먼저 온라인 쇼핑몰의 고객 프로파일링 분석을 통해 고객을 이해하고, 오프라인 우량 고객으로 발전 가능성이 있는 고객을 선별해 그들에게 맞는 프로모션을 제공해 끌어오는 것이 필요하다고 판단했다.

프로파일링은 고객 니즈 중심의 행동 특성을 지수화하는 작업이다. 이 작업은 다음과 같이 여섯 단계를 거친다.

1단계 속성 유형 정의

먼저, 가설적 고객 유형을 설정하고 각 고객군을 구별할 수 있는 속성을 정의한다. 기초 조사와 고객 인터뷰, 브레인스토밍을 통해 고객의 군집과 그 특성을 가설적으로 도출해 유형화한다.

앞 프로젝트의 경우 가설적 고객군은 '윈도쇼핑 충동 구매형', '액세서리 마니아', '할인 목적 구매형', '가치 추구자' 등으로 구별할 수 있었다. 그다음에 각 군집을 구분할 수 있는 속성을 찾아, 크게 다음 네 가지의 행동 유형 및 속성으로 분류했다. ① 쇼핑몰 방문 행동(왜 방문하는가?), ② 구매 행동(왜 구매하는가?), ③ 상품 성향(어떤 성향으로 구매하는가?), ④ 상품군 유형(무엇을 주로 구매하는가?).

2단계 행동 속성 정의

속성 유형을 정의한 다음에는 고객 프로파일링에 적용할 '행동 속성'을 정의해야 한다. 이는 각 유형별로 '지수화'하고자 하는 행동 속성들을 정의하는 것인데, 방법은 분석을 통해 '특징이 명확'하고 '데이터 추출이 가능'한 속성을 설정하는 것이다.

이를테면 '회사에서 쇼핑형'의 경우, 온라인 접속 시간이 점심시간이나 오후 시간으로 일정하다. '충동 구매형'은 페이지뷰 횟수가 높고 체류 시간이 길다. 이러한 속성들은 고객 유형의 특징을 명확히 드러내면서 데이터로 추출이 가능하다.

3단계 행동 속성 도출 및 프로파일링 적용

이렇게 해서 나온 속성을 데이터베이스에서 SQL(데이터베이스용 질의 언어)을 이용해 지수화한다. 각 속성을 구성하는 근거는 한 가지 이상이 될 수 있다. 예를 들어 '충동 구매형'을 페이지뷰가 많다는 근거 하나만으로 정의하면 오차가 발생할 수 있다. 따라서 이러한 오차를 줄이기 위해 여러 가지 근거를 찾는데, '로그인 횟수', '패션 상품 구매 비중', '브랜드 집중 정도' 등을 예로 들 수 있다. 이러한 근거들에 가중치를 적용해 점수를 합산하여 속성을 지수화한다.

4단계 상품 속성 정의

고객 프로파일링에는 '상품 속성'도 적용해야 한다. 이는 상품 성향을 분석하기 위해 고객에게 각 상품이 의미하는 바를 찾는 것이다. 즉 구매한 각각의 상품은 고객의 성향을 드러내는데, 상품 속성은 그러한 성향을 설정하고 상품에 따라 '성향 점수'를 매기는 것이다.

예컨대 상품 속성은 '대중적이고 무난한', '마니아들만 구매하는 모험적인', '럭셔리하고 값비싼' 등으로 정의할 수 있다. 이러한 상품 속성 역시 '특징이 명확'하고 '데이터 추출이 가능'한 것으로 최종 선정한다.

5단계 상품 속성 도출 및 프로파일링 적용

행동 속성과 마찬가지로 상품 속성도 지수화한다. 예를 들어 '대중적이고 무난한 상품' 속성은 상품군 내 시장 점유율로 수치화하고,

'유행 상품' 성향은 연평균 성장률과 평균 구매 연령 등으로 수치화하는 것이다.

그런 다음 이를 프로파일링에 적용하는데, 방법은 해당 상품의 구매량에 그 상품 속성 지수를 곱하는 것이다. 예를 들어 고객의 '유행 상품' 지수를 계산하는 경우, 지수가 100퍼센트인 상품 1개, 지수가 50퍼센트인 상품 2개를 구매했다면, '유행 상품' 지수는 (100퍼센트×1＋50퍼센트×2)/3＝66.7퍼센트가 된다.

6단계 고객 프로파일링 완성

앞의 행동 프로파일링과 상품 프로파일링을 결합해 고객 프로파일링을 완성한다. 이 프로파일링 결과는 향후 개별 고객 이해 및 타깃 마케팅에 활용된다.

수천만 고객을 모두 조사할 것인가?: 클러스터링

거시 관점에서 고객을 이해하기 위해서는 고객을 행동 특성별로 나누어 '군집화'하는 작업이 필요하다. 그 이유는 첫째, 데이터만으로는 고객을 정확히 아는 데 한계가 있기 때문이다. 구매 데이터에서 보이는 모습은 고객의 극히 일부분일 뿐이다. 그것을 프로파일링한 결과로 모든 것을 이해하려 하면 편차(bias)가 발생할 수 있다. 그러나 군집화하면 비슷한 고객끼리 모이므로 빅데이터 효과가 나타나며 점점 고객에 대한 정교한 이해가 가능해진다.

둘째, 수많은 고객을 각각 타깃으로 삼아 프로모션하기가 어렵기 때문이다. 마케팅 기획 단계에서는 전체 고객 유형이 어떻게 움직이는지를 이해해야 하지만, 문자나 이메일 발송, 매스 마케팅(Mass Marketing) 수행 등 블록 단위로 타깃을 삼을 때는 고객 군집을 의미 있는 유형으로 분류해야 한다.

이 프로젝트에서는 앞서 본 프로파일링 결과로 군집화를 수행했는데, 방법은 프로파일 결과를 표준화하여 유사한 성향의 고객끼리 모이게 하는 통계적 군집방법론을 사용했다. 그리고 최적 군집의 개수를 정해 군집화가 끝나면 각 군집별로 페르소나(Persona, 대표 인물)를 정의했다.

이를 구체적으로 살펴보면, 먼저 각 군집별 평균 지수와 인구 통계학적 정보를 가지고 고객 군집을 이해한다. 그 후 군집별 샘플 대표 고객을 선정해 인터뷰를 실시한다. 추가 리서치를 통해 군집별로 어떠한 고객인지 페르소나를 명확히 정의한다. 직접 고객의 모습을 그리고, 롤플레잉 시뮬레이션을 통해 고객 행동 원리를 이해한다.

고객의 아픈 곳(Pain Point)을 찾아라

'닦고 조이고 기름치자.'

마케팅 부서에서는 다양하고 많은 일을 한다. 남들이 하는 마케팅은 다 하려 들고, 수많은 일을 하나도 빠짐없이 하려고 노력한다. 하지만 수행이 지체되고 일이 산만하게 진행되는 경우가 많다. 마케팅 방향이 명쾌하게 정립되지 않으면 담당자들은 확신이 서지 않는다. 마케팅 수행에 앞서 전략 수립이 필요하다. 고객은 무엇을 원하는가? 아무리 복잡해 보이는 상황이라도 프레임워크에 기반해 한 단계씩 고민해보면 원인을 찾을 수 있으며 그것을 해결해야 한다. 여기서는 고객 구매 단계 프레임워크를 알아보도록 한다.

모든 고객은 필요한 상품 및 서비스를 취득하는 데 일련의 정형화된 과정을 거친다. 이 과정은 '구매 필요성 인지→선택 옵션 수집→결정'이라는 세 단계로 이루어진다. 여기서 고객은 절대로 각 단계를 뛰어넘지 않으며, 동시에 여러 단계를 수행하지도 않는다. 각 단계의 중요도는 고객과 상품에 따라 다르다.

따라서 구매가 일어나지 않으면 어느 단계가 막혀 있는지 파악하고 근본 원인을 찾는다. 그 근본 원인을 고객의 '아픈 곳(Pain Point)'이라고 하는데, 고객 프로파일링 및 이의 활용에서 가장 신경 써야 할 부분은 고객의 아픈 곳을 명확히 규명하고 그것을 해결하는 방향으로 전략 및 프로그램을 짜는 것이다. 고객의 프로파일과 군집 유형으로 일정 부분 정량화할 수 있으나, 앞서 설정한 페르소나로 유형별 고객 행동을 단계적으로 시뮬레이션하면서 고민하는 노력이 필요하다.

상품 및 서비스 구매 과정의 첫 번째 단계는 '구매 필요성 인지'이다. 인간의 감각은 한정적이어서 자신에게 도움이 되는 상품이 존재함에도 불구하고 구매 필요성을 인지하지 못하는 경우가 많다. 자주 사용하는 생필품(비누, 양말, 우유 등)은 소진했을 때 구매 필요성을 쉽게 느끼는 반면, 니즈가 간헐적으로 발생하는 제품(취미 악기, 별미 음식, 패션 제품 등)은 그렇지 않다. 따라서 이 경우 제품을 자주 노출시켜서 고객으로 하여금 '구매하고 싶다'는 필요성을 느끼게 해야 한다.

또 고객 중에서도 구매 필요성을 쉽게 인지하는 고객이 있는가 하면, 그렇지 않은 고객이 있다. 소신이 뚜렷해 자신이 구매하고자 하는 제품만 구매하는 고객이 있고, 제품 정보를 접하고 자유롭게 구경하다 필요를 느껴 구매까지 연결되는 고객이 있다. 후자의 경우에는 제품 카탈로그나 신제품 정보 등을 제공하면 상대적으로 더 큰 효과를 볼 수 있다.

두 번째 '선택 옵션 수집' 단계에서 고객은 구매가 필요한 상품을 여러 개 비교해 최종적으로 결정할 준비를 마친다. 구매할 상품이 생기면 고객은 상품의 중요도와 자신의 성향에 따라 2~5개의 제품을 비교한다.

예컨대 스마트폰을 구매한다면 최소한 애플, 삼성, LG 3사 제품을 비교하게 된다. 한 개 브랜드의 상품만 알아보고 구매하는 경우는 거의 없으며, 가능한 한 모든 옵션을 확인하고 비교했다는 확신이 들지 않으면 구매 결정을 미룬다.

따라서 쇼핑몰의 경우에는 타깃 고객에게 선택 옵션을 다 보여주어 안심시키는 것이 필요하다. 고객에 맞춰 구색을 갖추고 제품을 쉽게 비교할 수 있도록 해야 한다. 이때 100퍼센트 확신을 주지 못했다면 고객으로 하여금 타임 세일이나 한정판 세일 등의 오퍼로 '선택 옵션 수집' 단계를 건너뛰게 할 수 있다.

세 번째 '결정' 단계에서 고객은 수집된 선택 옵션 중 자신의 선호도에 따라 결정한다. 먼저 상품의 주요 속성, 즉 디자인, 가격, 브랜드, 기능, 품질 등을 비교한 뒤 머릿속으로 자신의 취향에 맞게 이들을 가중평균해 계산한다. 이때 고려되는 속성과 중요도는 고객마다 다르다. 어떤 고객에게는 가격이, 어떤 고객에게는 특정 기능이 중요하다. 이것은 고객의 구매 성향 프로파일링에서 나타나므로 이를 이용해 가격 오퍼나 맞춤 기능 추천으로 구매 결정을 유도한다.

아마존처럼 물건 장사하기

많은 기업이 피상적인 데이터만 보고 고객에게 제품을 추천한다. 매번 자사 브랜드 구두를 구매하는 고객에게 구두 추천 마케팅이 효과 있을까? '과거에 구두를 구매했으니 앞으로도 구두를 구매하겠지.' 물론 그 고객이 구두를 구매할 확률은 높을 것이다. 그러나 주기적으로 구매하는 고객에게 동일한 물건의 오퍼를 제공하는 것이 무슨 의미가 있겠는가. 타 제품이 추가 판매되지도 않을뿐더러, 어차피 구매할 제품을 과도하게 판촉한다는 단점도 있다. 유통 기업 마케팅의 목적은 고객의 '다양한' 니즈를 찾아 '보다 많은' 제품 구매를 유도하는 것이다.

따라서 효과적인 상품 추천 방법은 크게 '개인'와 '군집' 두 가지 관점에서 연관되는 상품 위주로 추천하는 것이다.

'개인 연관도'는 아마존이나 이베이 등 글로벌 기업에서 연관 상품 추천에 주로 사용하는 계산 방식이다. 각각의 고객들이 상품을 공통적으로 구매한 정도를 이용해, 각 상품 간 서로 구매한 비율을 곱해 연관 상품을 구하는 것이다. 예를 들면, A 상품과 B 상품의 연관도=A 상품 구매 고객이 B 상품을 구매한 비율×B 상품 구매 고객이 A 상품을 구매한 비율이다. 따라서 한 제품당 다른 모든 제품에 대한 연관도가 얻어진다. N개의 상품이 있다면, N×(N-1)개의 연관 데이터가 생긴다.

상품 간 연관도가 계산되면, 개인이 구매한 횟수와 상품 간 연관도를 곱해 연관 상품 점수와 순위를 구한다. 이때 개인 연관 추천은 고객에게 연관도 순위가 높은 상품과 브랜드를 추천하는 것이다.

그러나 단순히 구매 및 조회 연관 상품만 추천하는 데는 한계가 있다. 데이터가 충분히 쌓이지 않으면 제품 구색을 갖출 수 없기 때문이다. 고객 유형 군집화(클러스터링) 데이터는 이를 보완하기 위해 필요하다. 군집화된 데이터는 특히 신규 고객을 대상으로 할 때 유용한데, 이 경우엔 고객의 기본 정보를 가지고 고객 유형과 군집을 유추해 군집 연관 상품을 추천하는 것이다.

앞서 본 구매 상품 연관 추천이 재판매(Re-sell)나 증대 판매(Up-sell)를 유도한다면, 군집 연관 상품 추천은 교차판매를 유도하려는 목적이 강하다. 행동 유형 및 구매 성향이 비슷한 사람끼리 군집으로 모이면 구매하려는 상품들도 서로 유사하다. 신규 고객의 경우 개인적인 특징으로 군집을 최대한 유추하고, 이를 이용해 각 군집에서 주로 구매한 상품 세트를 추천하는 식이다.

플랫폼 위주의 기업은 고객이 꾸준히 방문하고 다양하게 경험하도록 구성을 최적화할 필요가 있다. 앞의 방법을 통해 개인별 추천 상품을 알게 되면, 고객의 눈에 들어오도록 UI(유저인터페이스)를 구성한다. 이를 위해 유튜브나 아마존처럼 특정 섹션별로 추천 상품 목록을 각각 구성해 한눈에 보이게 하기도 하고, 페이스북처럼 추천 친구를 꾸준히 변화시키며 의향을 떠보는 로직을 사용하기도 하며 꾸준한 방문과 활용을 유도한다.

파일럿

이 프로젝트에서는 데이터 분석의 검증을 위해 초기에 의도했던 오프라인 성장 전략을 수행하기로 했다.

먼저 각 온라인 고객군 중 군집의 채널 구매력을 기준으로 잠재적 오프라인 우량 고객군 5만 명을 선별했다. 그리고 선별 조건을 추가해, 이들 중에서 체류 시간이 짧고, 페이지뷰 수가 적으며, 패션 상품의 관심도가 높고, 집 근처에 당사 오프라인 매장이 있는 고객군을 주요 타깃으로 정했다.

인터뷰 결과, 이 고객군은 특별한 경우를 제외하고는 평소 오프라인 구매가 많았고, 데이터 검증 결과 오프라인 구매 비중이 가장 높았다. 이 고객군 중 해당 오프라인 매장에서의 구매 경험이 없는 고객이 1차 타깃이 되었다. 그 이유는 고객군의 특성에 비춰봤을 때 오프라인 니즈가 존재하지만 아직 해당 오프라인 매장에 대한 인지가 부족하므로 인지 마케팅 수행 시 교차판매 효과가 가장 높을 것으로 판단되었기 때문이다.

이 고객군을 대상으로 SMS와 이메일로 정보 전달을 수행한 결과, 고객들은 오프라인 매장에 대한 인지가 평균 2.4회 일어나는 순간 매장을 방문해 구매를 시작한 것으로 조사되었다. 특히 구매 반응률은 기존 방식보다 60퍼센트 이상 높아지는 등 현격한 차이를 나타냈다. 이후 데이터가 쌓이면 결과 데이터를 바탕으로 회귀분석을 수행해 속성의 가중치를 변경해가며 모델을 정교화했다. 결과적으로, 데이터가 증대될수록 추천 및 오퍼의 정확도가 높아지는 자가 발전적 시스템을 구축했다.

옴니 채널로 고객을 포위하라

2010년대 중반 옴니 채널이 큰 이슈로 떠오르고 있다. 옴니 채널 전략이란 여러 판매 채널(백화점, 가두점, 아울렛, 면세점, 마트, 복합몰 등의 오프라인 채널과 웹, 모바일 등의 온라인 채널)을 보유한 기업에서 채널 간 시너지 효과를 내기 위해 세우는 전략이다.

그런데 필자가 경험한 대부분의 기업에서는 다음과 같은 단순한 생각으로 옴니 채널 전략을 짜려고 한다.

"백화점 방문 고객을 온라인으로 유도하면 더 팔 수 있지 않을까요? 온라인 고객을 집 주변의 우리 매장으로 오게 만들면 추가 구매가 일어날 수 있을 것 같은데……."

필자는 언제나 이러한 생각이 위험하다고 조언한다. 고객 입장에서 보고 실제적인 구매 원리를 고민하는 과정이 없었기 때문이다. '왜 고객이 구매하는지'에 대한 논리적 설명이 빠진 방안은 대부분 성과 없이 끝나기 마련이다.

옴니 채널의 환상

글로벌 의류업체 갭(Gap)에서 옴니 채널 전략을 수행한 사례를 예로 들어보자. 갭은 2013년 6월부터 온라인에서 예약한 상품을 오프라인 매장에서 직접 픽업할 수 있는 서비스를 제공했다. 그 결과 2014년 4월 갭의 온라인 부문 매출은 전년 대비 21.5퍼센트 증가했다. 갭은 온라인으로 구매하고 오프라인에서 찾아가도록 한 전략이 시너지를 낸 성공적인 케이스라고 자평했다. 하지만 이것이 정말로 옴니 채널 전략의 성과라고 할 수 있을까?

온라인 쇼핑몰 시장은 모든 기업이 매년 10~20퍼센트 성장을 기록하는 고성장 시장이다. 옴니 채널 전략이 온라인의 성장을 이끌었다는 근거는 어디에도 없다. 어차피 오프라인으로 구매할 고객이 온라인으로 구매했을 뿐이다. 기업에서 의도한 대로 채널별로 교차 구매가 증가하고 매출로 연결되었다면 온라인 및 오프라인 전체 매출이 증가해야 하는데 그렇지 않았다. 실제로 이 기간에 갭의 전체 온라인 및 오프라인 매출은 연 3.2퍼센트 증가하는 데 그쳐, 물가 상승률을 고려하면 정체 상태에 머물렀다고 볼 수 있다. 그렇다면 옴니 채널은 정말로 뜬구름 잡는 허상인 것일까?

옴니 채널 전략이 늘 실패하는 것은 아니다. 다만 이것이 성공하려면 다음에 설명하는 옴니 채널의 역할을 정확히 구분하고 실체를 명확히 해야 한다. 많은 경영자가 옴니 채널을 막연히 '온라인과 오프라인의 경계를 허물어 고객이 채널을 보다 많이 이용하게 하는 것'으로 이해하고 있다.

옴니 채널은 세 가지 역할을 통해 채널 간 시너지를 증대시키는 것이다. 그것은 바로 ① 운송 채널 활용, ② 쇼루밍 해결, ③ 채널 간 교차판매이다.

'운송 채널 활용'이란 현재 오프라인 매장을 온라인의 운송 채널 중 하나로 사용하는 것이다. '쇼루밍 해결'은 온라인에서 구경하고 오프라인으로 구매하는 고객이나 오프라인으로 구경하고 온라인으로 구매하는 고객에게 각 기회와 정보를 제공해 판매를 증대시키는 것이다. '채널 간 교차판매'는 각 채널별 고객의 니즈를 파악해 더 적합한 채널을 추천함으로써 채널 교차 추가 구매를 유도하는 것이다.

이 중 '채널 간 교차판매'가 가장 효과 높은데, 그 이유는 고객의 니즈를 해결하고 수익 창출로 직결되기 때문이다. 필자의 경험상,

'운송 채널 활용'은 수익성 낮은 고객만 반응하고, '쇼루밍 해결'은 많은 고객이 이미 니즈를 잘 해결하고 있어 효과가 낮다.

갭의 사례는 오프라인 매장을 소비자 접점의 '운송 채널'로 사용한 경우이다. (효과가 높은) '채널 간 교차판매'와 다르기 때문에 전체 매출에 영향을 주지 않는다. 오프라인 매장이 운송 채널 역할을 일정 부분 할 수는 있지만, 그 효과는 크지 않다.

진정한 옴니 채널의 효과는 고객 니즈의 해결 여부에 달려 있다. 실제로 고객 입장이 되어 생각해보아야 한다. 갭의 사례에서, 온라인 이용 고객이 굳이 매장에 와서 제품을 찾아가길 바랄까? 직접 택배로 배달받는 것이 더 편하지 않을까? 배송비를 아끼고자 굳이 매장을 방문하는 고객은 드물 것이며, 설령 그런 고객이 있다고 해도 추가 구매가 일어날 확률은 낮다. 또한 온라인이 더 저렴하다면 오프라인에서 구경하고 모바일이나 웹을 이용해 구매하는 쇼루밍 체리피커만 증가해 오프라인 매장은 유명무실해질 것이다.

옴니 채널 운송 시너지 전략은 아마존 같은 대형 유통업체가 편의점과 같은 지역 거점을 물류 센터로 활용할 때 효과적으로 작용할 수 있다. 일반 의류업체에서 활용하기에는 그 효과가 매우 제한적이다(물론 실패하더라도 손해는 적다).

고객의 채널 니즈를 공략하라

성장 지향 옴니 채널 전략을 펼치려면 '채널 간 교차판매'에 집중해야 하며, 그러기 위해서는 고객을 이해하는 데서부터 시작해야 한다. 고객이 '왜 오프라인에서 구매할까' 또는 '왜 온라인에서 구매할까' 고민하는 것이 최우선 과제이다.

기업에서 "오프라인 방문 고객을 온라인으로 유도하고 싶다"고 문의해오면 필자는 "왜 고객이 온라인으로 와야 되나요?"라고 반문한다. 앞서 살펴본 보험사 사례와 똑같다. "충청지역에 고객층을 확보하고 싶다. 왜냐하면 거기에선 아무도 우리 보험을 쓰지 않으니까." 그러나 그것은 회사의 바람일 뿐, 전혀 고객의 입장이 아니다. 충청지역 고객이 쓰지 않는 이유가 분명히 있을 것이다. 그 이유를 찾는 것이 먼저다. 마찬가지로 오프라인 고객이 온라인에 오지 않는 데는 분명한 이유가 있으므로, 그것을 집중적으로 파고들어야 한다.

고객 맞춤형 옴니 채널 전략을 활용하라

고객에겐 자신이 '특정 쇼핑 채널을 이용하는 이유'가 반드시 있다. 온라인 쇼핑을 이용하는 이유로는 '편하게 집에서 쇼핑할 수 있다, 저렴하다, 시간이 오래 걸리지 않는다' 등을 들 수 있다. 오프라인 이용 고객은 '집 앞에 또는 자주 가는 백화점에 브랜드가 있다, 점주와 친하다, 직접 입어봐야 마음이 놓인다, 온라인 쇼핑몰에 대해 모른다'는 등의 이유가 있다. 또한 온라인에서는 화장품을 사고 오프라인에서는 의류를 사는 경향 등 채널별 상품군 선호 경향도 있다.

이렇듯 고객의 머릿속에는 쇼핑 채널별 목적이 있고 자신만의 활용법이 있다. 고객의 채널 니즈가 파악되면 그것을 해결해줘야 한다. 즉 오프라인 고객 중 온라인의 장점에 대한 니즈가 있는 고객을 찾아서 온라인의 장점(할인, 구매 편의 등)을 전달함으로써 온라인의 추가 매출을 일으키는 것이다. 온라인 고객의 오프라인 교차판매도 마찬가지이다. 오프라인에서 직접 입어보는 것을 제안하거나 집 근처의 오프라인 매장을 인지시켜주는 것 역시 그 사람의 니즈를 해결해주는 것이다. 한마디로, '기업의 편리'가 아니라 '고객의 편리'에 맞게 옴니 채널 전략을 기획해야 한다.

옴니 채널 교차판매 타깃 마케팅을 수행하기 위해서는 데이터 분석 및 활용이 필요하다. 이때의 데이터 분석 방법은 먼저, 가설적으로 고객의 유형을 나누고 이를 판별할 수 있는 데이터를 가공해 고객을 군집화한다. 그런 다음 각 고객 군집의 특징을 파악하고 핵심 니즈를 이해한다. 이때 고객 유형에 따라 채널별 구매력(채널 포텐셜)이 존재하는데, 이에 대해서는 다음에서 자세히 살펴보자.

채널 포텐셜

채널 포텐셜(Potential)이란 '고객이 해당 채널에서 매출을 증대시킬 가능성'을 의미한다. 한 군집 내에서는 고객들 간 행동이나 성향, 경제력이 유사하기 때문에 해당 채널에 대한 선호도 역시 비슷하다. 그렇다면 채널 선호도에 비해 현재 구매가 적은 고객이 우량 고객이 될 가능성이 높다.

이를 평균 회귀 원리라고 하는데, 예를 들어 A 군집의 모바일 월평균 구매액이 50만 원이고, B 군집의 모바일 월평균 구매액이 20만

원이라고 한다면, 똑같은 모바일 월평균 구매액이 30만 원 고객이더라도 A 군집에 속한 고객이 모바일 구매를 늘릴 가능성이 더 높다. 이렇게 채널 포텐셜이 높은(다른 말로 하면 채널별 교차판매가 용이한) 고객군을 추출해 그들이 필요로 하는 채널에 집중 프로모션한다. 이런 방식을 이용하면 최소한의 비용으로 큰 매출 성장을 달성할 수 있다.

옴니 채널 전략에 대한 경영자들의 또 다른 오해는 이것이 자기 시장 잠식(Cannibalization)을 불러오리라는 것이다. 오프라인에서 여러 물품을 잘 구매하고 있는 고객을 온라인으로 유도하면 저가 제품만 판매되고, 반대로 온라인 뜨내기 고객에게 오프라인 할인 쿠폰을 보내면 체리피커처럼 행동해 기업의 수익성이 악화될 소지가 있다는 생각이지만, 이는 기우에 불과하다.

필자의 경험상 고객에게 쇼핑 채널이 한 가지 추가되면 전체(온라인과 오프라인 합계) 소비가 21퍼센트 증대했다. 인간의 쇼핑 금액은 자신의 지갑(소득)에 달려 있다. 고객에게 쇼핑 채널을 늘려주면 그 채널에서 구매가 발생하고 기존 채널에서 조금 줄어들 수는 있지만, 전체적으로는 온라인과 오프라인 합계로 볼 때 더 많은 소비가 일어난다. 즉 경쟁사의 매출이 감소한다. 결론적으로, 자기 시장 잠식에 대한 과도한 염려보다는 고객별로 니즈가 있는 쇼핑 채널을 정교하게 찾아서 채널 교차판매에 적극적으로 나서야 한다.

쇼룸 믹스(Showroom Mix)

2010년대 중반 패션 쇼핑몰 트렌드 중 하나는 온라인 쇼핑몰의 오프라인 진출과 오프라인 매장의 온라인 진출이다. 리본타이, 스타일난다 등 대형 온라인 쇼핑몰들이 백화점이나 로드 숍으로 진출하는 이유는 무엇일까? 온라인 전문점이지만, 고객의 쇼룸 니즈는 일정 부분 존재하기 때문이다. 점차적으로 고객은 오프라인에 대해서는 쇼룸 기능을 우선시하고 구매는 온라인으로 하게 될 것이다.

오프라인과 온라인의 비중은 IT 기술과 인간의 의식 변화에 따라 다르다. 밸류매니지먼트그룹(Value Management Group)의 분석 결과, 2010년대 중반에 전체 구매 중 온라인 구매 비중은 20퍼센트 이하로 낮게 나타났지만, 2020년에는 68퍼센트 정도로 온라인의 구매 비중이 높아질 것으로 예측된다. 궁극적으로는 오프라인에 쇼룸 목적의 매장만 남고 온라인에서는 다양한 고객 니즈를 충족하는 개인화 또는 타깃형 독립 쇼핑몰들이 늘어날 것이다.

온라인과 오프라인 매장 최적의 구성비를 알고자 한다면 쇼루밍 니즈(Showrooming Needs)에 따른 현재의 온·오프라인 구성비를 찾아 고객의 동선에 쇼룸 목적 매장을 배치해야 한다. 현재 10~20대 대상의 쇼핑몰은 상대적으로 오프라인 매장이 많이 필요하지 않지만, 고연령 고객을 타깃으로 한 온라인 쇼핑몰은 오프라인 쇼룸이 일정량 꼭 필요하다.

나이키는 왜 닌텐도와 경쟁하는가?

"나이키의 가장 큰 경쟁자는 닌텐도이다."

과거 세계 1위의 스포츠용품업체인 나이키(Nike)는 성장률이 둔화되기 시작하자 이에 대한 대응으로 닌텐도(Nintendo), 소니(Sony), 애플 등을 새로운 경쟁상대로 규정했다. 어째서일까? 나이키는 자사 고객이 여가 시간을 사용하는 행동을 관찰한 결과, 최근에 고객들이 쉽고 자극적인 비디오게임이나 엔터테인먼트를 선택함으로써 나이키(스포츠)가 경쟁에서 밀렸던 것이다. 나이키는 고객의 관점에서 여가 시간을 차지하는 경쟁을 규정했고, 이를 토대로 경쟁 기업을 정의했다.

현대 플랫폼 경영 환경에서 얼마 안 되는 고객의 여가 생활 시간을 차지하면 그 결과는 언젠가 수익으로 돌아온다. 따라서 나이키는 고객의 여가 시간을 쟁취할 필요가 있었다. 수익화는 나중의 문제이다. 나이키는 다양한 스포츠 활동을 후원해 사람들의 관심을 이끌어내어 고객의 시간을 획득했다. 특히 비디오게임을 즐기는 젊은 층에게 유행하는 스포츠 활동(풋살 또는 익스트림 스포츠)을 장려함으로써 시간을 차지하는 데 주력했다. 그 과정에서 나이키 브랜드를 전면에 내세워 신뢰를 쌓고 꾸준한 노출을 통해 강한 스포츠 이미지를 전달했다.

이로써 스포츠를 시청하거나 즐기는 고객들은 무의식적으로 나이키 브랜드에 호감을 갖기 시작했으며 점차 충성 고객으로 발전했다. 결국 나이키는 장기적으로 고객 소비(상품 구매)의 과실을 고스란히 수확할 수 있었다. 고객의 눈과 귀의 관심과 시간을 사로잡으면 수익을 내는 일이 수월해진다. 따라서 고객의 시간(트래픽)을 뺏는 것이 무엇보다 중요하다.

뉴 버즈 라이프(New Buzz Life)

고객의 시간을 뺏는 일은 기술 기반 플랫폼 기업에 어떻게 적용될 수 있을까?

2006년에 설립된 뉴스 및 엔터테인먼트 웹사이트 버즈피드(BuzzFeed)는 2014년 8억 5,000만 달러(약 9,000억 원)에 달하는 기업 가치 평가액을 기록했다. 이는 2013년 아마존이 워싱턴 포스트를 매입한 금액의 세 배가 넘는 액수이다. 그만큼 시장에서 버즈피드의 미래 가치가 높게 평가되고 있다는 것인데, 그 핵심 이유는 바로 트래픽이다.

일명 '낚시성 콘텐츠'로 불리는 가벼운 유머들로 구성된 저급 저널리즘은 SNS 상에서 젊은 이용자를 중심으로 확산되었다. 버즈피드는 성장하는 인프라(웹, 모바일)에서 성장하는 젊은 고객층을 타깃으로 삼아 정교한 콘텐츠 세트를 구성했다. 버즈피드의 주 무기는 타깃 고객에 맞는 정보를 찾아내어 적재적소에 배치하는 기술이다. 이를 이용해 이용자가 '일단 들어와서 즐기도록' 하는 것이 가장 큰 목적이었다.

버즈피드의 핵심 기술은 데이터 분석에 바탕을 두고 있다. 그 과정을 살펴보면, 먼저 고객이 어떤 기사나 광고를 클릭하는지 분석한 것을 바탕으로 독자의 관심을 끌 만한 콘텐츠를 제작한다. 주목할 점은 마케팅, 엔지니어, 디자이너가 협업하며 디자인, 헤드라인, 기사 작성법까지 고객에게 최적화해 고객 개인별, 유형별로 맞춤화된 콘텐츠를 제공한다는 것이다. 이렇게 '그들만의 놀이터'를 만들어 이용자들이 무조건 자주 들어오게 만들었다.

이러한 서비스에 열광한 이용자들이 너도나도 입소문을 내, 온라인 공간에서 버즈피드에 대한 소문이 순식간에 퍼져나가 중·장년층에까지 전달되었다. 이후 다양한 고객층이 가벼운 기사를 즐기는 데서 시작해 점차 양질의 뉴스, 통계, 사설 서비스까지 이용하게 되었다.

B2C 시장의 원리

아이러니하게도 버즈피드에 의해 시장 주도권을 뺏긴 뉴욕 타임스, 워싱턴 포스트 등은 초기에 똑같은 방식으로 성장했다. 이들 언론 기업은 뉴스 스크랩을 서비스하는 회사로 시작했다. 수십 개사(社)의 신문 내용을 확인하고 작가들을 고용해 중요한 기사들을 선별한 뒤 고객이 읽기 좋은 형태로 가공해 제공한 것이다. 고객의 흥미를 끌기 위해 '세계에서 가장 영향력 있는 100인'과 같은 자극적인 목록 기사를 싣기도 했다(이는 버즈피드의 '세상에 존재할 것 같지 않은 42인'과 유사하다). 즉 이들이 한 것은 '고객' 입장에서 콘텐츠를 각색한 것뿐이다.

이 과정을 정리하면, 먼저 인간이라면 무조건적으로 반응하는 가벼운 낚시성 콘텐츠를 전면에 내세운다. 그리고 고객이 지속적으로 찾아오도록 고객의 니즈를 찾아내어 꾸준히 맞춤 콘텐츠를 발굴하고 채워준다. 그런 다음 광고, 서비스 등 수익화 선순환을 통해 지속 가능한 성장 모델을 수립한다.

(1) 일단 고객이 찾아오게 하라.
(2) 꾸준히 이용하는 충성 고객으로 만들어라.
(3) 수익화하라.

이는 버즈피드뿐만 아니라 허핑턴 포스트(The Huffington Post), 피키캐스트(Pikicast) 등 SNS, 모바일을 중심으로 확산되는 현대 디지털 언론의 뚜렷한 특징이자 B2C 시장의 기본 원리이다. 여기서 잊지 말아야 할 점은, 기본 바탕은 어디까지나 '고객'이라는 것이다. 고객의 트래픽은 곧 기업의 가치이다. 현대에는 '고객 접점'을 쥐고 있는 기업만이 살아남는다.

글로벌 치킨 게임

현대의 소비재 제조업은 정체 상태에 빠져 있다. 그 원인을 살펴보면, 과거에는 제조사들이 직접 소매점을 가지고 고객에게 유통을 시도했다. 그러다 월마트, 아마존 같은 대형 소매기업이 등장해 소매 유통을 독점하면서 소매 기업이 고객 접점을 장악했다. 이로 인해 많은 제조사가 시장 주도권을 빼앗기고 힘을 잃게 된 것이다.

엔터테인먼트 콘텐츠 시장은 과거에는 통신사에서 음악, 게임 등 콘텐츠 서비스 플랫폼을 직접 가지고 있었다. 하지만 IT 회사들이 스마트폰과 운영 체제를 통해 고객 접점을 쥐자, 통신사들은 이들 IT 회사들에 수익의 대부분을 넘겨줘야만 했다.

최근 확산되고 있는 배달 앱(배달의 민족, 요기요 등) 역시 고객 접점 플랫폼 쟁탈전이 치열하다. 이 시장은 과거에 각 음식점이 직접 관리했던 고객 접점을 한 군데의 플랫폼으로 모으자 영향력을 발휘하고 있다. 고객 입장에서는 음식점 정보가 모여 있으니 편리하다. 그

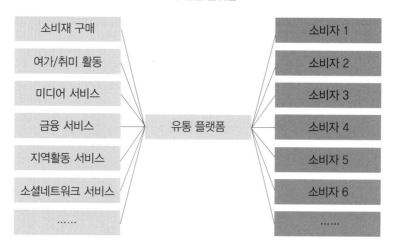

고객 접점 플랫폼

소비재 구매		소비자 1
여가/취미 활동		소비자 2
미디어 서비스		소비자 3
금융 서비스	유통 플랫폼	소비자 4
지역활동 서비스		소비자 5
소셜네트워크 서비스		소비자 6
......		......

러나 전체적인 음식점의 수익은 떨어질 수밖에 없다.

금융 산업의 경우에는 대출 모집인, GA(법인 보험 대리점)에서 고객 접점을 강하게 쥐고 있으면서 각각 은행과 보험사의 헤게모니를 침범하고 있다. 또 카카오톡 같은 거대 고객 접점 기업이 뱅크월렛 (BankWallet) 같은 금융 결제 서비스를 통해 금융 시장으로 진출을 시도하고 있다. 앞으로 은행계좌 이동제가 실시되면 이러한 고객 접점 경쟁은 더욱 심화되며 기존 금융회사는 단순히 상품 개발이나 인프라 제공 역할만 수행하게 될 것이다.

현대 데이터 분석의 핵심은 사람, 즉 고객이다. 공급 과잉 시대인 현대에는 최종 구매자의 협상력이 점점 강해지고 고객의 결정권이 커지는 반면, 공급자의 파워는 약화된다. 설상가상으로 경쟁과 대체제의 위협은 갈수록 증가하고 있다.

소비자로부터 멀어질수록, 즉 제조 또는 서비스의 생산으로 갈수록 정형화가 일어나고 모방이 용이해진다. 정보 공급이 확대되면서 기술은 평준화되고, 자동화 및 머신러닝 기술이 발전하면서 더 이상의 생산성 향상은 기대하기 어려워진다. 결국 생산 공정 단순화 및 대형화를 통한 원가절감만이 유일한 대안으로 남는다. 따라서 현대에는 과거 2차 산업 기반의 거대 제조 기업들이 성장 정체에 빠지며 산업에서 차지하는 비중이 줄어들게 된다.

현대에 성장하는 기업은 대부분 지식 기반의 서비스 기업들이다. 특히 글로벌 서비스 기업들의 경우 고객 접점 서비스를 한다는 공통점을 발견할 수 있다. 특정 서비스를 중심으로 플랫폼을 구축해 고객층을 두껍게 확보하고, 나중에 그 수익을 독차지하는 승자전취(Winner-takes-it-all) 방식을 지향하는 것이다.

요컨대 성장하는 기업들은 고객 접점을 먼저 확보하고, 그 산업 전체에서 강력한 독점적 영향력을 발휘해 막대한 수익을 올린다.

빅데이터 알고리즘을 이용한 포커 선수

2015년 미국의 한 빅데이터 연구소는 필자에게 '텍사스 홀덤'이라는 포커 게임을 하는 컴퓨터 프로그램 알고리즘을 의뢰했다. 연구소에서는 단순한 알고리즘 개발이 아니라 마케팅에서 활용하는 데이터 기반 고객 심리 분석 기술을 적용하길 원했다.

포커 게임과 고객 심리 분석은 무슨 관계가 있을까? 포커 게임은 로직(logic) 싸움이 아니라 심리 싸움이다. 이 부분은 인간의 심리를 연구하는 마케팅 영역과 일치한다. 나는 이에 대해 상대 플레이어 유형 분석을 통한 머신러닝 기법을 알고리즘에 적용하는 방안을 제시했다.

지난 1997년 IBM의 슈퍼컴퓨터 '딥 블루'는 체스 세계 챔피언을 꺾어 세계를 놀라게 했다. 이 컴퓨터 프로그램은 상대방이 놓은 수에 따라 과거 체스 게임 DB를 빠르게 검색해 승리할 확률이 높은 수를 결정하며 게임을 진행한다. 즉 축적된 체스 게임의 정보량이 많을수록, 컴퓨터의 계산 속도가 빠를수록 이길 가능성이 높아지는 단순한 원리이다. 체스 게임은 한 게임당 경우의 수가 10의 120승에 달한다. 따라서 체스 게임의 경우 인간이 컴퓨터를 이기기는 불가능하다.

그렇다면 포커 게임에서도 컴퓨터가 인간을 이길까? 프로그램 개발자들은 체스 게임 알고리즘을 이용해 포커 게임 개발을 시도했다. 그러나 컴퓨터의 성능이 수백 배 발전한 지금까지도 대부분의 시도가 실패로 끝났다. 그 이유가 무엇일까?

표면적이고 절대적인 체스 vs. 내면적이고 상대적인 포커

포커 게임은 심리 싸움이다. 포커에서는 좋은 패가 아닐 경우 죽어버릴 수도 있고, 상대방의 카드가 무엇인지도 정확히 알 수 없다. 좋지 않은 패인데도 강하게 베팅하는 '블러핑(Bluffing)' 수법도 있다. 표면적인 결과로는 분석할 수 없는 심리 싸움인 것이다. 체스는 하나의 로직으로 승리 확률을 계량화할 수 있지만, 포커는 상대의 성향에 따라 로직을 완전히 다르게 적용해야 한다. 상대 심리 패턴 분석이 없으면 절대 이길 수 없는 게임이다.

슈퍼컴퓨터를 머신러닝시킨다고 해결될까?

캐나다 앨버타 대학교 마이클 볼링(Michael Bowling) 교수 팀은 1초에 포커 게임을 24조(兆)번씩, 69일간 진행하며 거대한 포커 DB를 만들었다. 이 양은 인류가 지금까지 해온 포커 게임보다 더 많은 숫자였다. 과연 거대한 DB로 인간을 이길 수 있을까? 결론을 말하자면, 단순히 컴퓨터의 하드웨어 성능을 개선하고 데이터양을 증대시키는 시도는 모두 실패했다. 상대방의 심리 패턴을 고려하는 요소가 빠졌기 때문이다.

포커 플레이어 관점의 행동 유형

필자는 상대방의 행동 패턴을 '유형별'로 군집화하고 각각을 대응하는 알고리즘을 구현하는 데 연구를 집중했다. 여기서 '유형'이란 '상대방이 나에게 대응'하는 유형이다. 상대방은 나의 행동을 관찰하며 게임을 진행한다. 상대성 관점이 들어갈 수밖에 없는 이유이다. 다양한 경기를 수집하고 검토해 포커 플레이어의 유의미한 대응 유형(두뇌회전 프로세스)을 가설적으로 분류했다.

일단 오픈된 카드와 본인의 카드 상황을 설정한 뒤 상대의 대응 패턴을 수집하고 그 유형을 판단했다. 포커 한 게임에서도 상당한 정보를 입수할 수 있는데, 그것은 딜링(dealing)할 때마다 '보인 카드 변화', '나의 대응', '상대의 대응'의 결과를 모으면 하나하나가 상대를 파악하는 기초 정보가 되기 때문이다. 초기 일정 횟수의 게임 데이터를 회귀분석해 세부 유형을 파악하는 데, 일정 수준의 오차 범위 아래로 떨어지면 승리 알고리즘을 수행한다.

승리 알고리즘

먼저, 상황에 따라 상대 카드와 대응을 예측한다. 그런 다음 상대 유형에 승리하는 로직을 적용하는데, 그 방법은 원칙과 변칙의 적절한 조화이다. 포커는 최종적으로 패를 보여주고 승리하거나, 상대를 포기하게 하여 승리하는 두 가지 방법이 있다. 즉 몇 차례의 게임에 걸쳐 최적 변칙으로 승리를 노리는 작전을 전개(패턴을 노출하면서 역이용)하거나 꾸준히 압박해 칩을 획득하는 방법 등을 택한다. 딜링이 진행될수록 데이터가 쌓이므로 승리 확률은 점점 높아진다. 이러한 유형 대응 알고리즘을 실제 적용한 결과, 기존의 (단일 알고리즘에 의한) 포커 프로그램에 비해 10퍼센트 이상 높은 승리 확률을 보였다. 또한 여기에 머신러닝 기술을 적용할 수 있어서, 실제 게임 결과가 쌓일수록 유형 대응이 정교화되는 모델을 구현했다.

포커 프로그램은 심리적인 면이 작용하고 복잡해 보이지만 전혀 어렵지 않다. 어려워하는 이유는 사람의 관점에서 생각하지 않고 계산 로직으로만 해결하려 들기 때문이다. 체스 게임은 뉴턴의 역학 법칙과 유사하고, 포커 게임은 아인슈타인의 상대성 법칙과 유사하다. 포커 플레이어가 경쟁자를 상대하는 그 순간의 행동 유형은 절대적으로 규정지을 수 없다. 게임에서 승리하는 절대 알고리즘은 존재하지 않으며, 포커 플레이어 관점에서 행동하는 유형을 생각하고 그에 맞춰 데이터를 분석·가공해 알고리즘을 구현하여 적용해야 한다.

이러한 관점은 필자의 데이터 분석 프로젝트에서 수행했던 방식과 일치한다. 현대에 새로 생겨나는 비즈니스는 이러한 소비자 행동심리 관점의 데이터 분석에 기인하는 경우가 대부분이다. 그러나 여전히 많은 기업이 대용량, 고성능 하드웨어의 힘으로 문제가 해결되리라고 믿는다. 현대는 물질과 정보의 과잉 시대이며 이를 이용한 비즈니스는 이미 경쟁이 치열한 레드오션이다. 우리가 할 일은 종합적으로 인간을 이해하고 가치를 내는 일이다. 이에 대해서는 인본주의 관점의 인문학과 기술의 융합이 필연적이다.

미래에 진정한 가치는 데이터의 분석량과 처리 속도에서 나오지 않는다. 포커 DB 사례에서 본 것처럼 컴퓨팅 기술은 꾸준히 발전해, 과거에는 축적된 정보만을 사용했던 것과 달리 현대에는 새로운 정보를 무한대로 만들어 낼 수 있다. 즉 원한다면 데이터와 환경을 쉽게 만들어 쓸 수 있는 시대인 것이다. 인프라의 환경도 좋아질 대로 좋아진 지금, 빅데이터와 하드서버가 아닌 스몰데이터와 PC만 가지고도 성과를 낼 수 있는 기회는 무궁무진하다.

Case Study 2

많이 구매할수록 제품 가격이 떨어지는 코스트코

한때 상식에 어긋나는 코스트코의 가격 정책이 공개되어 큰 화제가 된 적이 있다. 코스트코는 '잘 팔리는 상품일수록 가격을 낮추는' 전략을 펼친다. 수요가 높으면 가격이 높아지는 경제학의 수요-공급 기본 원칙에 정면으로 반하는 발상이다. 그러나 코스트코는 유통 산업의 지속적인 불황 속에서도 꾸준히 성장해 2014년에 매출 1,126억 달러와 순이익 206억 달러를 기록하며 승승장구하고 있다. 그 비결은 무엇일까?

고객 접점 플랫폼 비즈니스
코스트코 인기 제품의 판매가는 경쟁사에 비해 매우 낮다. 회원들은 코스트코에서 구매하는 모든 제품이 가장 저렴하다고 믿게 되고, 따라서 회원들의 충성도(Loyalty)는 매우 높아진다. 코스트코는 소비자의 믿음을 얻고, 더 많은 회원을 유치해 더 많은 제품을 판매한다. 덕분에 가격을 더 낮출 수 있는 것이다.

코스트코는 이를 "기업의 이해관계와 고객의 이해관계가 일치한다"라고 표현한다. 틀린 말은 아니지만, 코스트코 가격 정책의 성공을 제대로 이해하기 위해서는 그 경영학적 의미를 분석해볼 필요가 있다.

구매 수요가 많은 소품종 제품에 대해 가격을 낮춰 대량으로 판매하는 것은 해당 고객군을 향한 전략적 포지셔닝이다. 즉 '무난한 중간 품질 제품 대량 구매' 니즈가 높은 고객을 타깃으로 정해 포지셔닝한 것이다. 코스트코는 소비자의 믿음을 쟁취해 플랫폼을 확대한 셈이다. 다시 말해 코스트코는 '소비자를 인질로 잡기 위한' 고객 접점 플랫폼 비즈니스에 충실한 전략을 펼치고 있다.

그렇다면 코스트코는 이 정책을 계속 유지할까? 그렇지는 않을 것이다. 점진적으로 수익화가 진행될 것이기 때문이다. 코스트코는 기본적으로 회원제로 운영된다. 회원이 아니면 매장에 입장조차 할 수 없다. 월마트에 비해 상품의 마진은 매우 낮으나 나머지 수익을 회원들의 연회비로 충당한다. 그러므로 고객 접점을 장악한 이후에는 연회비나 가격을 인상해 수익화를 실현할 것이 자명하다.

모이면 싸질까?

2010년 이후 티몬(TMON), 쿠팡(Coupang), 위메프(We Make Price) 등 소셜커머스가 급성장하고, 대기업의 대형 마트들이 들어서는 한편, 글로벌 SPA 브랜드가 들어오면서, 유통의 대형화가 급격히 진행되고 있다. 이들의 한결 같은 지향점은 대형화를 통해 원가를 절감하고, 이를 통해 소비자에게 보다 낮은 가격에 판매하는 혜택을 주는 것이다. 이것은 코스트코의 '기업-고객 이해관계 일치'와 상통하는, '모이면 싸진다'라는 개념이다. 그렇다면 정말로 '모이면' 싸질까?

이들의 미래를 아마존을 통해 내다보자. 온라인 유통으로 출발한 아마존도 초기에는 '낚시성' 제품과 가격으로 고객을 유입하고 맞춤 서비스를 제공해 충성 고객층을 확고히 했다. 이윽고 고객 접점을 장악한 아마존은 현재 기획, 생산, 물류에까지 영역을 확장하고 제품과 서비스를 제공한다. 유통자 주도권을 확보하면서 일부 영역에서는 아마존이 직접 생산에까지 참여해 수직계열화로 수익을 확대하고 있다. 프리미엄 멤버십을 제공하고, 직접 제품을 만들며, 가격을 서서히 인상해 수익화를 진행하고 있다.

공짜 점심은 없다

대형화는 전 세계적인 현상이다. 국가 간 경제 장벽이 허물어지고 생산, 가공, 제조업은 거대 기업이 들어서며 대형화되고 있다. 현대에 글로벌 치킨게임은 피할 수 없는 현실이다. 초기에는 제조업이 대형화된다. 기업들이 모이면 원가를 절감하고 시장을 확대할 수 있기 때문이다. B2B 산업에서는 대형화가 쉽다. 따라서 이후에는 B2C 시장에서의 대형화가 이루어질 것이다. 이른바 소비자들이 뭉쳐서 대형화를 이루는 것이다. 이것이 현재의 모습이다.

대형화 초기에는 원가가 절감되고 소비자에게 혜택이 돌아가는 것처럼 보인다. 그러나 절대다수가 플랫폼을 사용하고 진입 장벽이 형성되는 순간부터 가격은 올라가고 소비자의 불이익이 시작된다. 경영자 입장에서는 '저렴하게 제공할 이유가 없기' 때문이다.

현대에 돈을 버는 원리는 세 가지 중 하나이다. 큰 지갑을 찾거나(최고 부유층에게 집중), 수요가 많은 걸 찾거나(신 성장시장 진출), 공급을 줄이는 것(독점화)이다. 인간을 둘러싼 재화와 서비스를 각각의 독립된 시장으로 보았을 때, 각 시장이 수익을 내는 원리는 '인간의 지갑을 얼마나 나눠 갖느냐'이다. 독점시장이 되면, 가격 경쟁을 할 필요 없이 '인간이 낼 의향의 가격'을 다 받을 수 있다.

자본주의 체제에서 가장 경계하는 것이 '독점'이다. 경제학적으로는 시장이 완전 경쟁 체제로 되면 공급자의 이익이 제로에 수렴해 소비자에게 많은 혜택이 돌아간다. 반면 시장에서 독점이 형성되면 기업은 최대한 이익을 내기 위해 모든 수단을 강구한다. 대체제가 없는 상황에서 소비자의 선택은 제품을 '사용하느냐 마느냐'의 문제이고, 이때의 가격은 소비자가 지불할 수 있는 범위 내에서 최대가 된다.

예를 들어 구글 검색 엔진을 사용하는 고객은 절대다수이므로 광고 회사들은 정해진 가격을 지불할 수밖에 없다. 마찬가지로 마이크로소프트의 윈도 운영 체제나 국가적 인프라인 도시가스, 도로 등은 선택할 수 없는 성격의 것이므로 공급자 파워가 절대적이다. 특히 내수 규모가 작은 국가에서 통신, 에너지 등의 서비스를 독점하면 소비자에게 불이익이 돌아간다. 반대로 기업으로서는 어떤 방법으로든 독점 체제를 갖추는 것이 지상 목표이다.

'고객 접점 플랫폼 원리'는 시장 경쟁이 확대되면서 단기 수익을 내기 어려워지자 생겨난 것으로, 바로 이와 같은 독점 체제를 이용한 생존 원리이다.

인간은 1,000개의 얼굴을 가지고 있다

2013년 SBS〈그것이 알고 싶다〉에서는 시장에서 구걸을 하다가 돌연 장애인을 돌보는 목사가 된 한 남자의 충격적인 실체를 다뤘다. 그는 세상에 대한 원망을 신앙으로 극복했다며 자서전을 쓰고, 여러 매체를 통해 자신의 인생역전 스토리를 알리며 유명세를 탔다. 그는 자신처럼 장애를 가진 사람들을 돌보는 데 평생을 바치겠다고 했다.

그러나 알고 보니 그 목사는 사망한 지체장애인의 명의를 도용해 신용카드를 발급받고, 장애인들의 수급비와 후원금을 유흥비로 쓰는 등 이중생활을 하고 있었다. 결국 취재진에 의해 그러한 사실들이 들통 나며 사회적으로 큰 파장을 일으켰다.

1대 N 플랫폼의 종말

심리학자 카를 구스타프 융(Carl Gustav Jung)은 "인간은 천 개의 가면(Persona)을 가지고 있어서 상황에 따라 적절한 가면을 쓰고 관계를 이뤄나간다"고 말했다. 즉 인간은 대인관계에서 (본의든 본의가 아니든) 상대방에 따라 자신이 비춰지는 모습을 각기 다르게 한다는 것이다. 누구를 만나든 상대방에 맞게 모습을 바꾸며, 상대방도 나를 자기 마음대로 해석하고 규정한다. 인간관계는 모두 이런 식이다. 즉 나와 타인의 관계는 '1대 N'이 아니라 'N대 N'의 관계이다.

N대 N 플랫폼의 시대

온라인 환경에서 N대 N 인간관계의 현실을 구현해내기란 거의 불가능하다. 대표적인 예로 페이스북에 올린 글은 친구를 맺은 이들 모두에게 노출된다. 따라서 '누가 보더라도 무방한' 일반적인 내용이나 함축적인 표현만 올라오게 된다. 아니면 기껏해야 그룹을 만들어 각 그룹용 가면을 쓰는 게 전부이다.

2014년 SNS를 사용하는 미국 10대 청소년 가운데 페이스북 사용자는 88퍼센트로 전년도의 94퍼센트에 비해 6퍼센트 줄었으며, '페이스북을 신뢰한다'고 답한 비율은 단 9퍼센트에 그쳤다. 가면을 쓰는 데 익숙하지 않은 청소년은 SNS에 뛰어들기도 쉽지만 떠나기도 쉽다. 페이스북이나 트위터가 한계를 드러내는 본질적 이유는 인간의 수많은 페르소나 표현에 실패했기 때문이다.

반면에 다양성에 기반한 플랫폼인 '개인 또는 그룹 모바일 메시징 서비스'는 크게 성장하고 있다. 카카오톡(Kakaotalk), 왓츠앱(WhatsApp), 위챗(WeChat) 등으로 대표되는 'N대 N 플랫폼'은 일원적인 개인 성향 표출이 아닌, 상대방과의 사회적 관계에 따라 감정 소통을 가능하게 한다.

한 예로 현대 모바일 SNS는 단순한 의사소통 서비스가 아니다. 지금은 고객 접점 플랫폼 확장에 집중하고 있지만, 앞으로는 사용자가 오프라인만큼 풍부하게 감정을 전달해 온라인에서도 사회관계망을 온전히 구축하게 하는 것이 궁극적인 목표이다.

이와 같이 많은 기업이 사용자가 각각의 N대 N 관계에서 정체성(Identity)을 표현할 수 있도록 도와주는 메시지, 이모티콘, 배경, 선물, 사진, 금융, 유통 등의 서비스를 확대, 개발하고 제공하는 데 발 빠르게 움직이고 있다.

N대 N 비즈니스

N대 N 플랫폼의 개념은 유통 산업에서도 찾아볼 수 있다. 인간은 자신의 관심 분야에는 시간과 비용을 투자하지만, 그렇지 않은 분야는 그저 '남들을 따라서' 하려고 한다. 일반적으로 패션에 관심 있는 직장 여성은 컴퓨터 소프트웨어나 가구 조립에 무관심하고, 전자기기에 관심 있는 중년 남성은 유행 패션이나 영화에 관심을 보이지 않는데, 이러한 성향은 소비 패턴에 그대

로 반영된다. 결국 인간과 제품 및 서비스 역시 N대 N의 관계이다.

예를 들어 자녀를 둔 젊은 여성은 자신이 관심 있는 여성 의류는 백화점이나 로드 숍에서 꼼꼼하게 비교하고 최신 유행 제품을 구매하지만, 남편이나 자녀의 옷은 아울렛 등에서 적당한 중저가 브랜드를 구매한다. 또한 합리적 쇼핑 고객군은 평소에는 온라인으로 저렴한 식품만 주문하다가 명절 선물은 직접 매장에 가서 최고급 과일을 구매한다.

최근 들어 이슈가 되고 있는 옴니 채널 전략이나 360도 고객 분석도 바로 이러한 N대 N 플랫폼의 필요에서 기인한 현상이다. 과거에는 경제력 있는 VIP 고객에게 모든 마케팅을 집중했는데, 이는 고객 입장에서 매우 비효율적인 방식이다. 다양성이 증대되는 현대에는 서비스 채널별 데이터를 기준으로 종합적 고객 분석을 통해 제품 및 서비스별로 최적 마케팅을 수행하는 기업만이 살아남고 있다.

3부

데이터는 내가 만든다

7장

필요한 데이터를 아는 것이
데이터 분석의 전부다

인간의 DAN 중 필요한 부분은 2퍼센트에 불과하다

휴먼 게놈 프로젝트(Human Genome Project)는 인간의 유전자를 결정하는 염색체의 모든 염기 서열을 해석하는 프로젝트로, 미국과 일본 등 6개국 과학자들이 1990년에 시작해 2003년에 완료되었다. 그 결과 인간의 유전적 청사진인 DNA 염기 서열 정보 30억 쌍이 99.99퍼센트의 정확도로 데이터베이스화되었다. 인간이 데이터로 변환된 것이다.

많은 과학자는 이것이 "모든 인류에게 중대한 선물"이라며 "이 정보를 적용하면 생물학과 의학, 그리고 사회 내에서 혁명적인 발전이 이뤄질 것"이라고 단언했다. 인간 게놈을 해석하면 유전자가 어떤 식으로 배열돼 있는지 알 수 있으므로 모든 병, 특히 암이나 알츠하이머병 같은 유전자 연관 질환의 원인을 정확하게 규명하리라고 본 것이다. 드디어 인간의 신비가 풀리고 만병을 다스리며 기관을 재창조하는 신의 영역까지 접근할 수 있으리라는 기대감이 가득했다.

그러나 이러한 계획은 거대한 벽에 부딪혔다. DNA 정보를 활용하는 법을 전혀 몰랐던 것이다. DNA에 담긴 유전 정보는 mRNA에 의해 생명 물질인 단백질을 만드는 데 이용된다. 유전 정보를 전달하는 매개체인 mRNA의 활동이 생명 현상의 핵심 과정이며, 이 과정을 분석해내는 것이 생리 현상과 질병을 해결하는 열쇠이다. 단순히 염기 서열을 아는 것으로는 생명 현상을 이해할 수 없으며, 따라서 쓸모가 없다.

또한 30억 쌍의 DNA 염기 서열 가운데 유전자로 작용하는 것은 2퍼센트에 불과하다. 나머지 98퍼센트는 진화 과정에서 퇴화해 기능이 없어졌다. 즉 생명체는 DNA라는 거대한 데이터베이스에서 극히 일부의 데이터만 특별히 가공해 사용하고 있는 것이다. 결론적으로 '어느 DNA를 어떻게 활용하는지' 밝혀내는 것이 휴먼 게놈 프로젝트 성공의 핵심으로 떠올랐다. DNA 염기 서열 분석으로 모든 것이 해결될 것 같았던 생물학계는 다시 깊은 고민에 빠진 것이다.

과학자들은 단순히 DNA 가닥을 개별적으로 분석해서는 형질 발현 유전자를 찾아낼 수 없었다. 다수의 DNA 가닥이 복합적으로 작용해 하나의 단백질을 만들어내기 때문이다. 전체 DNA 지도상에서 형질 발현 유전자 조합 및 결합 과정의 비밀을 찾아내는 것이 필요했다. 이를 위해서는 실제 유전자가 발현되는 현상을 관찰하고, 그 유전자가 생성되는 프로세스를 이해하고 원리를 분석하는 작업을 수행해야 한다.

따라서 현대 유전자 분석은 생명체의 활동, 생명체의 니즈를 중심에 둔다. "생명체는 어떠한 조건에서 어떠한 단백질을 필요로 할까?"라는 근본적 질문에서 출발하는 것이다. 예를 들어 유전병이 발생하거나, 신체 구조적 차이가 있는 결과(모집단)를 가지고 역으로 DNA 패턴을 찾아내고 그것을 어떻게 조합해 단백질 생성에 사용하는지를 해석한다.

가장 중요한 점은 생명체의 본질적인 니즈와 이때의 활동을 먼저 관찰하고 이해하는 것이다. 여기서 DNA 염기 서열 데이터는 필요 없다. 데이터를 잇고 생명의 관점에서 가설적으로 접근해 데이터를 수집, 가공하는 방법이 최선이다.

데이터 분석도 DNA 분석과 마찬가지이다. 현재 인류가 보유하고 있는 빅데이터는 인간의 DNA 염기 서열처럼 엄청난 규모이다. 현대는 인간의 모든 물질, 행동 정보를 데이터로 기록하고 있다. 3D 프린팅을 위한 제조 정보도 증가하고 음악, 그림 등도 데이터로 변환된다. 유비쿼터스 컴퓨팅 기술로 인해 활동 정보도 거래 데이터, 위치 추적, CCTV 등으로 축적해놓고 있다.

휴먼 게놈 프로젝트 이후 DNA 데이터베이스 활용에 다양한 참

여가 가능하고 발전 가능성이 무궁무진하듯이, 빅데이터 분야도 그 활용도와 발전 가능성이 무한하다. 공공기관 등의 빅데이터가 일반에 공개되는 추세이며 활용을 장려하고 있다. 최근에는 급격히 증가하는 소셜 활동 정보를 크롤링(Crawling, 웹에서 데이터를 수집해오는 기법 중 하나)으로 확보할 수도 있다. 거대 기업이 아니더라도 대량의 데이터에 대한 접근이 용이해지고 있는 셈이다.

그러나 30억 개의 염기 서열을 아는 것만으로 모든 생명 현상을 밝힐 수 없는 것처럼, 빅데이터 자체만으로는 고객의 성향을 밝혀낼 수도, 성과로 연결시킬 수도 없다. 현대의 데이터 분석은 양보다 질이다. 고객의 관점에서 니즈를 찾아내고 목적을 정해 필요한 정보를 수집, 가공해서 질적으로 우수한 데이터를 만들어내야 한다. 페이스북, 구글, 아마존, 애플 등 현대의 글로벌 IT 기업들은 인간이 감각적으로 사용할 수 있도록 제품과 서비스를 직관적이고 단순하게 제작하려고 노력한다. 똑같이 유용한 기능이라고 할지라도 복잡하고 다양한 것보다는, 사용자가 최대한 쉽게 이용할 수 있는 방향으로 데이터를 가공한다.

인간과 침팬지의 DNA는 무려 98.7퍼센트가 일치한다. 이는 우수한 개체인 인간의 DNA는 일반 동물과 큰 차이를 보이리라는 과학자들의 예상을 완전히 뒤엎는 수치이다. 거의 유사한 DNA를 가지고 있는데도 인간과 침팬지가 그토록 다른 이유는 무엇일까? 똑같은 DNA라고 하더라도 발현 패턴의 차이, 즉 DNA를 어떻게 활용하느냐에 따라 개체의 특징이 결정되기 때문이다. 인간은 고도의 정신 능력에 필요한 형질들을 발현시켜 진화했다. 그 결과 다른 동물들과의 경쟁에서 승리할 수 있었고, 이때 터득한 DNA 정보를 활용하는 능력이 인간의 핵심 역량이 되었다.

앞으로 인류의 핵심 역량은 대량의 데이터에서 필요한 정보만 선택, 가공해서 사용하는 능력이 될 것이다. 따라서 DNA를 활용할 때처럼, 목적에 맞는 데이터를 찾아 알맞게 가공해 가치를 창출하는 것이 향후 과제이다.

스마트워치, 누구에게 팔 것인가?

연목구어(緣木求魚)를 경계하라

한 미국계 글로벌 IT 기업이 필자에게 웨어러블 제품을 대상으로 데이터 기반 마케팅 전략 수립을 의뢰했다. 특히 당시 전사적으로 가장 중점을 두고 있는 스마트워치에 대한 시장조사와 전략을 요청했다.

담당자는 먼저 기업의 고객 데이터를 제공하며 구매 및 사용 내역에 대한 정보를 분석해줄 것을 부탁했다. 필자의 대답은 간단했다. "기업의 데이터는 전혀 필요하지 않습니다." 기업 담당자는 당황한 기색이 역력했다. 그들은 상당한 양의 고객 데이터를 축적해왔으며 제품에 대한 데이터베이스도 잘 갖춰져 있었다. 그리고 그것을 고객의 특성을 파악하고 마케팅 계획을 수립하는 데 늘 활용해왔다. 따라서 신제품인 스마트워치에 대한 조사도 동일한 방법으로 진행되리라 기대했던 것이다.

마케팅 전략을 수립할 때는 제일 먼저 자사 제품과 시장의 고객을 이해한 다음, 제품 및 서비스의 타깃 고객을 정의해야 한다. 현재 스마트워치 고객은 시장에 극소수만 존재하는 얼리어댑터뿐이다. 또한 이 기업 제품의 고객 중에는 스마트 기술을 빠르게 수용하는 얼리어댑터가 거의 없었다.

만약 전통적 개념의 컴퓨터 기기나 가전제품에 대한 마케팅 전략을 수립하는 것이라면 기존의 고객 및 제품 데이터로 충분히 분석할 수 있었다. 하지만 새로운 제품, 새로운 시장인 스마트워치의 잠재 고객 정보가 없는 상황에서 기존 데이터베이스를 분석해 마케팅 전략을 세운다는 것은 연목구어(緣木求魚, 나무에 올라가 물고기를 잡으려는) 격이었다.

따라서 필자가 가장 먼저 한 일은 '현재 전체 전자제품 시장 고객이 어떻게 형성되어 있으며 어떤 특성을 가지고 있는지' 조사하는 것이었다. 이를 위해서는 제품 수용 주기상 고객의 위치를 파악하는 것이 중요하다. 그 이유는 신제품을 수용(구매)하는 얼리어댑터 고객군은 정해져 있으며, 나머지 고객군(일반 대중)은 얼리어댑터를 따라 구매하기 때문이다. 일단 전체 고객의 유형을 분류해 제품 수용주기상의 위치를 정하고, 스마트워치의 타깃 고객인 얼리어댑터 고객군을 찾아 집중해야 했다. 그러기 위해서는 전체 시장 고객 데이터가 필요한데, 이는 외부에서 소싱하는 수밖에 없었다.

미국 스마트워치 시장 잠재고객 분류 예시

특징		SNS 민감	자기 관리 여성		직장인 남성	
구분		SNS하는 젊은 여성	자기관리하는 고연령 여성	편리 추구& 자기관리 고학력자	이메일, 음악, 편리 추구 경제력 남성	사회활동, 업무용 기술 무관심 남성
모수		78	70	109	75	92
기능 선호 항목(프로파일링 & 클러스터링 용도, 랭킹 조사 및 7점 척도 표준화)	제어 장치	6.0	4.4	5.6	3.8	6.2
	소셜 미디어	3.0	6.4	6.4	6.4	3.9
	이메일	2.4	4.3	4.4	3.5	2.5
	독립형	6.9	6.1	2.8	3.3	2.4
	음악	3.2	5.2	4.1	3.0	5.2
	헬스케어	4.9	2.4	2.6	6.0	5.7
	대기환경	4.4	3.7	3.4	6.3	6.4
	음성 인식	5.3	3.4	6.6	4.4	3.8
인구 통계학 (참고 정보, 상대적 5점 척도)	남성 비율	43%	41%	47%	59%	58%
	나이	3.8	3.8	3.5	3.9	3.8
	경제력	2.4	2.6	2.4	3.4	2.8
	교육	2.2	2.1	2.7	2.3	2.7
기술 수용 관점 분류		2.7	2.6	2.6	2.5	2.7
		뜨내기	유행 대중	유행 대중	이노베이터 & 얼리어댑터	보수 대중

타깃으로 삼는 고객 유형(얼리어댑터)의 정보를 수집해야 한다!

필자는 고객의 생활 패턴과 IT 기기 사용 행동을 토대로 고객 조사를 수행해 데이터를 입수하는 한편, 관련 소셜 빅데이터를 수집해 숨은 니즈를 이해했다. 신뢰성 높은 데이터를 선별해 표준화 변환을 하고 K-민스(K-means) 클러스터링을 수행했다.

고객 조사(Survey)를 수행하면 극단적인 응답으로 편차가 생기거나, 응답자의 본심과 다른 거짓이 기록되기 쉽다. 따라서 고객이 거짓을 말할 수 없도록 문항을 랭킹화하고 결과를 표준화하여 이해해야 한다.

스마트워치 시장 잠재고객으로 최적 5개 군집이 선별되었다. 이는 마케팅의 방향성을 위한 분류일 뿐, 개인화 마케팅 목적은 아니다. 클러스터링 결과로 나타난 군집들은 인구통계학 정보와 스마트 기기 보유 여부로 이해했다.

그 결과 주 타깃 군집은 '이메일, 음악, 편리 추구 경제력 남성' 군집임을 알 수 있었다. 이들이 바로 기술을 가장 먼저 수용하며 신제품이 나올 때 적극 구매하는 얼리어댑터로 나타났다. 이들은 SNS, 헬스케어, 음성 인식 등의 기능보다는, 자기가 일하는 데 사용할 취미용 신기술을 필요로 했다. 이메일과 음악 기능은 기본이고, 무엇보다도 독립형(Stand-alone)으로서 여러 가지 기기를 연동해 컨트롤할 수 있는 기능을 가장 갈망하고 있었다.

고객 군집 이해의 원칙

2015년 현재 스마트워치 제품은 도입 단계의 시장이다. 따라서 일반 대중은 스마트워치에 전혀 반응하지 않으며 얼리어댑터들만 간헐적으로 사용하고 있는 상황이다. 그렇다면 수많은 고객 중에서 스마트워치의 얼리어댑터를 구분하는 기준은 무엇일까? 이를 파악하기 위해서는 먼저 고객 세분화를 통해 얼리어댑터의 특징을 정의해야 한다. 얼리어댑터는 제품에 따라 다르게 나타나므로, 제품을 사용하는 고객 입장에서 제품 수용 주기상의 위치를 정의해야 한다.

한 가지 예를 들어보자. 페이스북과 인스타그램을 즐기는 20대 멋쟁이 고객은 얼리어댑터일까? 정답은 맞기도 하고 틀리기도 하다. 패션과 소셜 서비스를 먼저 수용하는 경우에는 패션과 SNS의 얼리어댑터가 될 수 있지만, 스마트워치에서는 일반 대중에 속한다. 왜냐하면 이들은 자신의 경제력을 고려하며 스마트워치가 유행하기 전에는 사용하지 않기 때문이다. 또한 스마트 TV와 스마트워치의 얼리어댑터도 성격이 각각 다르다. 따라서 고객 세분화는 언제나 해당 제품과 시장의 상황에 맞게 설계하고 수행해야 한다.

스마트워치의 얼리어댑터 고객은 IT 기술에 민감하고 경제력 있는 남성으로 조사되었다. 이 고객군은 최신 기술을 주변 사람들보다 먼저 접한다는 것에 큰 가치를 두고 있으며, 자신의 경제력으로 스마트워치를 구매하는 데 가격은 큰 문제가 되지 않는다.

데이터 해석의 목적은 '고객의 행동 원리'를 이해하는 것이다
스마트워치 시장의 얼리어댑터 고객군은 사회적 지위가 평균 이상이며, 스마트워치 경험 비율도 비교적 높았다. 흔히 스마트워치의 얼리어댑터 고객은 SNS나 음성 인식, 심박수 체크, 대기환경 정보 등 신기하고 재미있는 기능을 원할 것이라 생각하지만, 분석 결과는 사뭇 달랐다. '경제력 있는 직장인 남성'인 얼리어댑터 고객은, 이메일과 같이 업무와 병행할 수 있는 기본적인 편의 기능을 제외하고는 IOT 기기 호환을 통해 다른 전자제품을 컨트롤하는 기능만 주로 원한다.

심박수 체크, 대기환경 정보 제공, 음성 인식 등 유용한 기능들이 다양하게 존재하는데, 왜 스마트워치에서 단순한 IOT 컨트롤 기능만 요구하는 것일까? 이에 대한 해답은 과거 아이폰의 성공에서 엿볼 수 있다.

애플은 기존에 존재했던 휴대전화, PDA, MP3, 터치패드 등의 기술만 사용하고 새로운 첨단 기능은 전혀 도입하지 않았다. 단지 사람이 사용하기 쉽게 기술을 조합해 스마트폰을 만들었을 뿐이다.

스마트워치도 마찬가지이다. 인간의 인식은 순식간에 변하지 않으므로 다양한 첨단 기능을 필요로 하지 않는다. 아직 성장궤도에 오르지 않은 스마트워치를 성공시키려면 특정 기능 하나를 정해 사용하기 쉽게 만들어 히트시켜야 한다. 스마트워치는 웨어러블 기기의 선발주자이다. 따라서 웨어러블의 가장 큰 장점인 '언제나 사용자 곁에 있다'는 점을 살린 히트 기능을 찾아야 한다. 그런데 얼리어댑터에게는 그 무엇보다 '다른 기기를 컨트롤할 수 있다'는 점이 가장 매력적으로 다가왔다. 왜냐하면 다른 기능들은 '언제나 곁에 있다'는 장점을 별로 살리지 못했고, 시장에서도 학습이 충분히 이뤄지지 않았기 때문이다.

결국 스마트워치는 스마트홈/IOT 기술로 파트너 회사와 협력해 여러 디바이스를 얼마나 많이 연계하느냐가 성공의 관건이다. 하드웨어 기업에서는 주로 자사가 개발하기 쉬운 기능 위주로 제품을 구성하는데, 그것은 바람직하지 않다. 고객이 필요한 감성적 기능 하나가 선택을 결정한다.

데이터를 얻었다고 만사가 끝난 것이 아니다. 오히려 빅데이터 분석은 데이터를 설계하고 해석하는 과정이 더 중요하다. 타깃 고객을 정해 그 사람에게 집중하고 니즈를 찾아야 하는데, 그러기 위해서는 단순히 기술의 고도화가 아닌, 인문학적 통찰과 통계적 추론이 결합된 융합적 사고가 필요하다. 이것이 빅데이터 분석의 궁극적인 방향이다.

당신의 데이터는 빙산의 일각이다

한 글로벌 유통 기업의 데이터 분석 팀에서 고객의 구매 주기를 계산해 그 데이터를 마케팅 팀에 제공하기로 했다. 고객이 물건을 구매하는 주기를 계산한 다음 구매 시점에 맞춰 타깃 마케팅을 함으로써 구매 확률을 높이려 한 것이다. 얼핏 들으면 논리적으로 옳다. 사람은 주기적으로 구매하는 물건이 있기 때문이다.

그러나 한 유통 기업에서 이를 예측하는 게 가능할까? 모든 고객이 물건을 한 기업에서만 구매하지 않는데 말이다. 예를 들어 어느 고객이 구두를 구매할 때 매번 한 기업만 이용한다면 구매 주기를 알 수 있겠지만, 여러 유통사를 이용해서 구매한다면 구매 주기는 실제와 전혀 맞지 않는다. 자사 데이터만 가지고 계산하기에는 오차가 너무 크다.

미국의 데이터 분석 기업 캐털리나 마케팅(Catalina Marketing)에서는 다양한 식료품 기업의 정보를 모두 받아서 주기를 계산하고 맞춤형 쿠폰을 제공하는 서비스를 한다. 이렇듯 전체 구매 정보를 가지고 있으면 고객을 온전히 이해할 수 있다. 그렇지 않으면 고객의 단면밖에 볼 수 없어 고객의 구매 주기 패턴을 알기가 쉽지 않다.

이탈 예측 시스템

한 글로벌 보험사에서 빅데이터를 분석해 고객 세분화를 수행하던 중 필자에게 자문을 요청했다. 주로 자사 고객 데이터를 이용해 세분화 및 고객 가치 평가를 진행하고 있는데, 현재 데이터가 불충분해 어떻게 세분화해야 할지 모르겠다며 조언을 요청한 것이다. 이에 대해 필자는 '이탈 예측 시스템'의 한 사례를 소개했다.

국내의 한 보험사에서 '이탈 예측 시스템'을 개발했습니다. 보험사 고객이 보이는 행동들을 모니터링해서 이탈 징후가 생기면 담당 보험설계사에게 알려주는 시스템이었죠. 보험사의 빅데이터를 통계적으로 분석해 이탈하기 전에 나타나는 행동 몇 가지를 선정하고 그것을 꾸준히 모니터링하는 방식이었습니다. 데이터를 활용해 정교한 정량적 시스템을 구축한 보험사에서는 선제적 이탈 대응 효과를 얻을 것으로 기대했습니다.

얼마 후 한 설계사가 이러한 본사 시스템의 소식을 접했습니다. 그리고 며칠 후 이탈 예상 고객 리스트를 받아본 설계사는 아연실색할 수밖에 없었습니다. 리스트에 오른 고객이 다름 아닌 그 설계사의 가장 친한 친구의 아들이었기 때문입니다.

가장 친한 친구의 아들이 이탈할 가능성은 매우 낮지 않겠습니까? 게다가 그것은 시스템보다 설계사 자신이 훨씬 잘 아는 사실이었습니다. 실제로 해당 보험사에서는 한동안 이 시스템을 운영했지만 예측 정확도가 너무 낮아 설계사 중 아무도 사용하지 않았으며, 이 시스템은 결국 실패로 끝났습니다.

이야기를 마친 나는 현재의 고객 분석을 중단하라고 조언했다. 그 이유는 충분하지 않은 데이터로 분석하는 것은 아무 쓸모 없기 때문이다. 데이터를 분석하는 조직은 보통 자사의 데이터베이스만 가지고 결과를 내려고 애쓴다. 외부 데이터는 애초부터 고려 대상이 아니라고 여겨 배제한다. 그러나 데이터 분석의 최우선 과제는 고객을 '정확히' 이해하는 것이다. 필요하다면 수단과 방법을 가리지 말고 필요 데이터를 추가로 확보해야 한다.

보통 보험사의 데이터베이스에는 계약 조건, 기간, 인구통계학적(지역, 나이, 성별, 직업, 결혼 유무) 정보, 갱신 여부 등 표면적인 데이터만 존재한다. 하지만 고객을 가장 잘 이해할 수 있는 정보는 무엇일까? 바로 행동 '과정'이다. 고객이 보험상품을 인지하고 비교한 다음 구매를 결정하기까지는 많은 행동을 보이고 심리적 변화를 겪는다. 이러한 과정은 주로 보험설계사의 영업에 의해 수행된다. 설계사는 고객의 가족 관계, 사회적 관계, 관심사, 성격까지 알고 있지만 이러한 정보를 거의 입력해놓지 않는다.

일 년에 한두 번 보험 관련 행동을 취하는 내부 데이터로는 고객을 절대 알 수 없다. 보험상품을 이용한 '결과'만 있고 '과정'이 없는 것이다. '결과'라는 빙산의 일각만 보고 고객을 판단하려는 것은 시도 자체가 무의미하다.

따라서 필자는 고객이 보험상품을 선택하는 과정의 요점들이 명시된 서베이(Survey), 인터뷰, 리서치(Research)를 수행해 외부 정보를 수집하도록 조언했다. 고객의 행동 과정을 수집해 군집화한 다음, 고객 유형을 구분하는 명확한 특징을 찾아 고객 유형별로 페인 포인트를 도출하도록 했다.

내부 데이터를 200퍼센트 활용하는 법

위와 같은 접근은 IT 측면에서 의구심을 자아낸다. "과연 이것을 시스템으로 구현된 영속적인 데이터 분석이라고 볼 수 있을까?" 그렇다. 우리가 '외부 정보'로 고객 군집화를 수행한 이유는 궁극적으로 회사가 보유한 '내부 정보'로 고객을 이해하기 위해서이다.

그 과정은 다음과 같다.

(1) 외부 정보로 도출한 고객 유형별 페르소나의 명확한 특징을 찾는다.

(2) 유형별 특징을 내부 데이터로 구분해 유형 판단 방법을 도출한다.

(3) (2)를 토대로 내부 데이터(계약 정보, 인구통계학 정보, 사용 정보)를 가공한다. 예를 들어 연금보험 고객 대상 중 '지인 영업에

민감한 직장인 남성'형 고객을 분류하기 위해 '지방 소도시 거주', '경제력 중하', '자녀 아동기 여부', '중견기업 근무' 등과 같이 데이터를 가공해 지수화한다.

(4) (3)의 지수로 군집 유형을 할당한다.

(5) 기타 내부 데이터로 고객을 이해하고 활용한다.

이 방식을 이용하면 소량의 고객 데이터로도 고객의 많은 부분을 이해할 수 있으며 영업, 상품 판매, 니즈 예측 등에 다양하게 활용할 수 있다.

8장

데이터를 창조하라

피카소는 데이터 과학자이다

피카소는 20세기 미술을 지배한 혁신적인 예술가이다. 그의 기교,
독창성, 해학은 독보적이었으며 예술 영역도 조각, 판화, 도예, 콜
라주, 심지어 시, 희곡에까지 펼쳐졌다. 피카소는 어떻게 이처럼 광
범위한 분야에서 혁신적 예술을 자유자재로 구사했을까?

　일반적으로 피카소는 입체주의 화가로 알려져 있다. 그러나 과연
피카소에게 입체주의라는 장르는 어떤 의미였을까? 사실 피카소는
입체주의에 전혀 관심이 없었다. 그는 그저 인간의 순수한 생각과
감정을 표현하고자 했던 것뿐이다. 수단과 방법에 구애받지 않고
자신의 사상을 표현한 결과 입체주의가 나온 것이지, 장르 자체는

그다지 중요하지 않았다. 실제로도 피카소는 입체주의 외에 다양한 방법으로 예술작품을 만들었다.

피카소는 상대성에 입각해 인간의 다양성과 그 원리에 집중한 사람이다. 인간은 누구나 세상을 바라보는 관점이 다르고 자신만의 시공간을 가지고 있다. 피카소는 그중에서 특히 어린아이의 눈을 통해 보인 세상을 그리는 데 초점을 맞췄다.

그의 작품 중 엄마가 아이를 안고 있는 그림이 있는데, 이 엄마의 손은 보통 손의 두 배 이상으로 크다. 또 〈게르니카(Guernica)〉라는 작품에서는 사람과 가축이 동시에 등장한다. 이 모습들은 무엇을 표현한 것일까? 아이의 관점에서는 엄마의 손이 자기를 보살펴주고 먹여주기 때문에 거대하다는 느낌을 받는다. 또 제2차 세계대전 당시의 독일군이 본 스페인 소도시의 국민들은 목적을 수행하는 도구에 불과한, 가축과 비슷한 존재였다.

피카소는 누구에게나 동일하게 보이는 절대적인 풍경을 그리지 않고, 상대적인 시각에서 보고 표현하려고 애썼다. 대상을 둘러싼 여러 유의미한 대표 특징들을 도출하고, 이것들을 표현하는 과정에서 한 폭에 여러 모습을 그린 것이 입체처럼 표현되었던 것이다. 그가 처음부터 입체로 표현하려고 시도했다면 지금 우리가 보는 작품들이 절대로 나오지 못했을 것이다.

그러나 피카소가 입체주의라는 형식을 먼저 개발하고 그에 맞춰 작품을 만들어 유명해졌다고 오해하는 사람이 적지 않다. 그래서 많은 현대 화가들이 새로운 개념과 독특한 방식의 예술 형식을 개발하려고 애쓴다. 그러나 순서가 틀렸다. 예술적 목적 추구라는 본질에 집중하면 표현 양식은 수단에 불과해진다. 입체주의라는 틀은 오히려 창조력을 방해한다. 피카소는 문제(다양한 시각에서 본 세상)에 집중하고 그 답을 내기 위해 수단과 방법을 가리지 않고 고민했을 뿐이다.

데이터의 가공도 마찬가지이다. 가치 창출이라는 목적에 집중하고 그 방법을 논리적으로 구체화하면 빅데이터를 활용하는 방법이 자연스럽게 나온다.

피카소는 유능한 데이터 과학자였다. 데이터를 목적에 맞게 분석해 특징들을 뽑아냈고, 실제 풍경을 가공해 새로운 결과를 하나씩 만들었으며, 이를 화판이라는 데이터베이스에 알맞게 저장했다. 실제 풍경이 어떠한지는 중요하지 않다. 실제 풍경이 보고 싶으면 고성능 카메라로 사진을 찍으면 된다. 인간에게 가치를 낼 수 있는 요소를 찾아내고 그 관점에서 실제 데이터를 자유롭게 가공해 사용하는 것, 이것이 진정한 가치 창출이며 진정한 데이터 분석이다.

데이터로 고객의 얼굴을 그리다

미국의 한 글로벌 외식 기업이 필자에게 데이터 분석 방법에 대해 문의해온 적이 있다. 필자는 필요한 데이터와 가공 방법 등을 다음과 같이 간략하게 설명해주었다. 먼저 고객을 유형별로 나누고, 이용 상권, 이용 시간, 사용 금액, 사용 빈도 등을 기준으로 고객의 특징을 지수화한 다음, 고객을 군집화하라고 말이다. 곁들여 몇 가지 사례도 알려주었다. 그러자 담당자는 이렇게 되물었다.

"우리도 당신과 똑같은 방법으로 데이터(상권, 시간, 금액, 빈도 등)를 사용하고 그것으로 고객을 분류했는데, 원하는 결과가 잘 안 나옵니다. 당신은 어떻게 가공하기에 결과가 이렇게 다른가요?"

필자는 '피카소의 상대적 관점' 이야기를 통해 답변을 제시했다. 똑같은 데이터라고 할지라도 관점이 다르면 당연히 달리 보인다. 고객의 관점에서 가설적으로 특징을 찾으면 데이터 가공의 길이 보인다. 똑같은 재료를 사용하더라도 요리사의 능력에 따라 음식의 맛이 천지차이인 것과 매한가지이다.

명확한 목적을 가지고 데이터를 바라보면 적절한 데이터 가공 방법이 떠오른다. 그러나 많은 기업에서 데이터 가공을 귀찮아하며 대량의 데이터를 몽땅 집어넣고 '될 대로 되라' 식으로 이것저것 아무 통계 툴(Tool)이나 돌려본다. 그러면 결국 헛수고로 끝난다.

데이터를 가공할 때 시간, 금액 등의 숫자 데이터에만 의지해서 평균을 내고 고객을 이해하려는 것은 어리석은 방법이다. "우리는 왜 고객을 이해하려 하는가?"라는 근본 질문에서 시작해 마케팅의 필요에 따라 고객을 세분화하여 이해하려는 목적을 명확히 해야 한다. 따라서 먼저 기초 조사를 통해 고객을 가설적 유형으로 분류하고, 각 유형의 특징을 찾아낼 수 있는 속성들을 정의한 다음 데이터 가공을 해야 한다.

예를 들어 커피 전문점에 방문하는 고객 중 '업무 목적으로 이용하는 고객' 유형을 분류하고 싶다면, 다음과 같은 특징을 도출할 수 있다.

- 업무시간(평일 9~6시)에 방문
- 1회당 주로 2~3개 구입
- 구매 상품은 주로 음료
- 같은 종류의 제품 재구매 비중 높음

이러한 특징에 따라 '업무 시간 방문 비중'이라는 속성을 하나 정했다면, 고객의 방문 데이터를 토대로 '업무 시간 방문 횟수/전체 방문 횟수'라는 하나의 지수를 만들 수 있다. 이러한 지수들을 모아 고객 프로파일링을 하고, 이를 군집화 및 마케팅에 활용하는 것이다.

페이스북의 인간관계망 재창조

지인 네트워크를 파악하는 것은 예로부터 매우 중요한 일이었다. 영업의 연계 판매 및 유행 상품 전파가 가능해지기 때문이다. 하지만 과거 오프라인 중심의 시대에는 상담 및 구매 시에만 정보가 기록되었고 그 외의 활동은 막연히 추정할 수밖에 없었다. 따라서 고객 행동을 이해하는 데 한계가 있었다. 그러나 현대에는 많은 활동 정보가 온라인에 기록된다. 유입 경로, 접속 시간, 페이지뷰, 작성 정보, 장바구니, 마우스 커서의 이동까지, 웹로그를 분석하면 고객 행동을 이해할 수 있는 상당한 양의 구체적인 정보를 얻을 수 있으며, 이로 인해 고객 행동 기반의 정교한 모델링이 가능하다.

인간관계망 지도를 그려라(페이스북 사례를 중심으로)

페이스북과 같은 기술 선도 기업은 '친구 추천' 기능에 대한 정교한 알고리즘과 높은 기술력을 보유하고 있다. 그렇다면 이들 기업의 '친구 찾기 기능 메커니즘'은 무엇일까? 먼저 고객에게 친구를 추천하는 목적을 정의한다. 단순히 등록된 친구의 숫자만 증가시키는 것이 아니라, 친구를 추가함으로써 고객의 SNS 활동(트래픽)을 늘리고 (타 콘텐츠 이용, 다른 친구 추천 등) 충성 고객으로 성장시키는 것이 주목적이다. 이에 따라 목적에 맞는 요소들을 점수화하여 각 요소에 가중치를 적용해 종합 순위를 부여하고 랭킹 순서대로 고객에게 친구를 추천한다.

고객 친구들의 지인을 추천하는 것은 가장 낮은 수준의 추천이다. 기존의 소셜 서비스들은 고객이 직접 입력한 표면 정보에 치중한 반면, 기술 선도 기업은 고객의 행동을 기준으로 주변의 지인을 찾는 데 초점을 맞췄다.

예를 들어 페이스북이 늘 고민하는 질문은 "인간이 사회적 관계를 가질 때 나타나는 행동은 무엇인가?"이다. 이를 찾기 위해 먼저 브레인스토밍으로 고객의 행동을 유추한다. 그리고 데이터베이스에 그 행동의 흔적을 찾아 요소들을 정의하고 친구를 추천해본다. 그다음에 '실제로 친구 등록 이후 고객의 활동이 증가했는지' 추적해 통계적으로 유의미한 것인지 검증하는 방식이다.

글로벌 SNS 기업들은 가설적으로 고객이 친구를 만날 때 보이는 모습을 추적하기 위해 일반적으로 다섯 가지 정보로 '친구 가능성'을 분석한다. 이는 ① 지인 관계 정보, ② 외부 유입 정보, ③ 관심사 행동 정보, ④ 개인 활동 정보, ⑤ 위치 정보이다.

첫째, 지인 관계 정보는 기본적으로 친구의 지인들, 팬, 학교, 회사 등 소속 집단에서의 유관 인물을 추천한다. 그러나 단순히 공통의 친구가 많다는 이유만으로 추천하는 것은 위험하다. 고등학교 동창과 회사에서 알게 된 상사는 교제의 목적과 깊이가 다르기 때문이다. 따라서 페이스북의 경우엔 집단의 성격과 그 집단의 인물들과 나눈 대화량, 빈도, 최근성, 대화에 사용된 단어 등을 종합해 통계적으로 가장 친할 것 같은 사람, 친하면 좋아할 것 같은 사람을 찾아냈다. 물론 이때 목표하는 결과는 친구 추천 결과 고객이 친구 신청을 보내고, 그 이후에도 관계 활동을 하면서 페이스북 이용량이 늘어나는 것이다.

둘째, 외부 유입 정보는 SNS 외부에서 연결되는 친구를 의미한다. 이 또한 여러 가지 형태로 나타나며 그 형태에 따라 중요성이 달라진다. 전화, 이메일을 하거나 동일한 서비스에 가입한 사람, 또는 활동 모임이 유사한 사람 등이 해당한다. 페이스북은 초기 플랫폼 확대를 위해 공격적으로 유관 기업과의 제휴, 외부 데이터 끌어오기 및 기업 인수를 통해 외부 유입 정보를 모으며 모델을 보다 정교하고 있다.

셋째, 관심사 행동 정보이다. 페이스북의 경우엔 고객이 관심을 보이는 행동에 따라 군집화를 했다. 이를테면 영화를 즐긴다거나, 경제 신문에 반응한다거나, 스포츠 영상을 관람하는 등의 행동들을 종합해 관심사에 대한 프로파일링을 수행하고, 이에 대해 군집화를 하여 해당 군집에서 가장 유사할 것 같은 사람을 추천한다.

넷째, 사진 정보와 같은 개인 활동 정보이다. 페이스북은 업로드한 사진에 함께 찍은 인물을 태그하는 것으로 지인을 추적해나가며, 사진을 함께 찍는 빈도에 따라 관계 깊이를 조정한다. 또한 업로드된 콘텐츠에 대한 텍스트 분석으로 친밀성을 계산해 추천 유형을 정한다.

다섯째, 위치 정보 활용은 고객이 자신의 위치와 활동을 알리면 이와 비슷한 반응을 보인 고객군(함께 이동) 또는 근접 지역에서 활동하는 동질적인 친구들을 추천하는 것이다. 지역 정보는 단순히 위치나 장소의 개념을 넘어 (기존 친구 통계를 이용해) 고객의 동선 및 행동 패턴이 유사한 최적의 친구를 찾아주기도 한다.

이 다섯 가지 종류의 데이터를 수집했다면, 우선 고객을 유형별로 군집화해야 한다. 네트워크 군집으로 추천하거나, 개인으로 추천하는 방식이 있다. 각 속성들로 회귀분석을 실시하는데, 데이터를 표준화하여 인풋(Input) 조건으로 두고, 친구 수락 및 활동 지수를 아웃풋(Output) 지수로 놓고 회귀분석을 진행한다. 그러면 추천 후보 리스트에서 회귀분석 속성의 계수들을 이용해 친구 추천 및 활동 확률이 높은 친구를 찾을 수 있으며, 이를 꾸준히 추천한다. 회귀분석의 속성 및 계수는 각 고객별 개인화로 인해 수시로 바뀌며, 데이터가 쌓일수록 모델은 정교해진다.

단순한 친구 추천 기능처럼 보이지만, 단순한 데이터 활용만으로는 생산적인 결과를 얻을 수 없다. 페이스북은 인간의 사회활동 패턴을 가설적으로 정의하고, 이러한 행동 패턴을 데이터에서 찾아내 가공하고 지수화하여 최적화된 모델을 만든 것이다. 페이스북의 접근은 순전히 '인간의 행동'에서 출발했다. 기본에 충실한 전략이 나오면 데이터를 능동적으로 발굴할 수 있으며, 목적에 맞게 가공하는 것도 수월해진다.

루이비통을 사면 부자일까?: 고객 경험 단계

명품 옷을 사는 사람이 진짜 부자

2000년대 선풍적인 인기를 끈 루이비통은 국내 진입 초기에 고가의 제품들로 구성되어 '비싸다'는 이미지로 브랜드 고급화를 성공시켰다. 이후 전국적인 붐을 일으켰는데, 루이비통에서 정작 많이 판매된 제품은 적당한 가격의 핸드백이었다. 럭셔리 브랜드는 고객별로 구매하는 상품군의 순서가 있다. 대부분의 여성들은 브랜드의 대표 상품인 적당한 핸드백으로 구매를 시작한다. 그리고 경제력이 높은 고객의 경우에는 이후 지갑, 의류 등의 순으로 넘어가는 경향을 보인다.

이는 단지 패션에만 국한되지 않으며 모든 산업, 상품에서 나타나는 현상이다. 고객 구매의 시작은 언제나 일반적으로 진입 장벽이 낮은(대중적이고 적당히 저렴해 누구나 하나쯤 가지고 있는) '기본형' 상품 또는 프로모션하는 상품이다. 애플의 아이폰, 키엘(Kiehls) 화장품의 수분크림, 컨버스(Converse)의 기본 색상 운동화 등 그 회사의 대표 상품에서 출발한다. 그리고 경험이 쌓이면서 두 번째, 세 번째 구매에서는 점점 특이하고 구체적인 모델을 찾게 된다.

이러한 현상은 자신의 고유 성향이 드러나는 과정으로 볼 수 있다. 제품 초기에 (경험이 없는 상태에서) 구매하는 행동에서는 알지 못하던 성향들이 점점 드러나게 된다. 기업에서는 이를 단계별 '충성화' 전략으로 활용할 수 있다. 충성화되는 과정은 한 단계씩 진행되며, 한 번에 여러 단계를 건너뛰지 않는다. 고객은 처음부터 큰 모험을 하지 않는다. 샤넬의 제품이 하나도 없는 고객에게 처음부터 신상품이나 특이한 디자인을 들이미는 것은 효과가 낮다. 가장 기본적인 클래식 핸드백부터 시작해 단계적으로 포트폴리오를

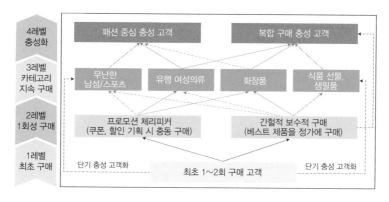

모바일 고객 경험 단계 군집 및 충성화 패턴

구성해주어야 한다. 고객 관리 방식도 단계적 방안이 필요하다. 초기에는 신뢰 형성에 주력하며 점차 맞춤형 대응을 수행한다. 이러한 '고객 경험 단계' 원리를 이용하면 고객 구매가 확장되며 결국 충성 고객이 된다.

고객 경험 단계 데이터 가공 — 종합 유통

앞서 살펴본 데이터 분석 고객 세분화(프로파일링과 클러스터링) 기법을 사용하면 고객 고유의 성향과 특성이 나타난다. 주의할 점은 성장 시장과 성숙 시장의 고객을 다르게 해석해야 한다는 것이다. 오프라인 중심의 기업처럼 고객의 경험도 많고 오랫동안 데이터가 충분히 쌓여 있는 경우에는 고객 세분화 결과를 고객 고유의 성향으로 이해한다. 하지만 모바일 유통과 같이 빠르게 성장하며 신규 고객이 증가하는 기업 또는 최신 트렌드 제품 기업의 경우에는 경험이 충분히 쌓이지 않은 고객이 많다. 따라서 그 상태로 고객 세분화를 하게 되면, 고객의 경험 단계에 따라 세분화(군집) 결과가 나오며 그 특징이 드러나게 된다. 제품 및 서비스를 충분히(경험적으로 3.2회 이상) 구매하고 사용해본 경험이 축적되어야 자신의 본래 성향에 따라 행동하고 그것이 데이터로 기록된다.

미국의 한 모바일 중심 플랫폼 유통 기업에서는 이러한 충성 고객화를 알고리즘으로 구현했다.

고객 클러스터링 결과, 그림과 같은 군집으로 결과가 나타나며 현재 상태에서의 성향이 드러났다. 고객 경험이 증대될수록(구매 횟수와 금액이 높은 고객일수록) 더욱 뚜렷한 특성을 보였다. 데이터를 과거 시간 순서로 검증해본 결과, 고객 경험이 증대됨에 따라 충성화되는 패턴이 나타났다. 고객은 충성화되는 단계가 있고, 충성화 과정 또한 유사한 성향끼리 특정한 패턴을 보였다.

이 모델을 토대로 고객을 충성화시키고 상품 판매를 확대하는 알고리즘을 구현했다. 각 단계를 어떻게 올릴지 각 과정별 고객의 이슈를 정리하고 해결 방안을 도출해 관리 프로모션 시스템을 구성했다. 또한 상위 단계 진입에 필요한 추가 구매 상품들을 추천하는 로직을 개발했다. 막연히 다양한 제품을 추천하는 것보다 경험 단계에 맞는 제품 위주로 추천해 충성도를 증대시키는 방식으로 타깃 마케팅을 수행했다.

구글 'Don't be evil', 돈은 언제 버는가?

"줄기에서는 토마토가 열리고 뿌리에서는 감자가 열린다."

2013년 영국의 원예업체 톰슨앤드모건(Thomson and Morgan)은 토마토 줄기에 감자 뿌리가 달린 '톰테이토(TomTato)'의 상용화에 성공해 영국과 뉴질랜드 등에서 시판을 시작했다. 톰테이토는 토마토와 감자 줄기를 수작업으로 접붙여 개발한 것으로, 한 식물에서 감자와 방울토마토를 동시에 수확할 수 있다. 이는 농산물 산업의 혁신이라고 불릴 만한 시도로서, 인류의 식량난 해결에 큰 역할을 할 것으로 기대되고 있다.

반면, 국제환경단체인 그린피스(Greenpeace)의 활동가들은 하루가 멀다하고 GMO(Genetically Modified Organism)에 반대하는 시위를 하고 있다. GMO란 DNA 가공 기술로 만들어낸, 인류에게 가치 있는 농작물이다. 예를 들어 DNA를 조립해 품질이 우수하면서도 병충해에 강한 새로운 GMO를 대량생산하는 것이다.

접붙이기와 DNA 가공은 '식물 가공을 통해 우수한 농산물을 만든다'는 공통점이 있다. 그런데 사람들이 유독 DNA 가공을 반대하는 이유는 무엇일까?

사악해지지 말자

한국에는 네이버(Naver)라는 독보적인 포털 서비스 기업이 있다. 네이버는 구글, 야후(Yahoo) 등 글로벌 기업의 공격을 견뎌내며 국내 포털 사이트 1인자 자리를 확고히 하고 있다. 국내 기업으로서 자랑스러운 일임에는 틀림없지만, 우리 국민들의 플랫폼을 네이버로 확고히 한 것이 앞으로도 바람직하다고 볼 수 있을까? 네이버는 장기적으로 국가의 발전을 해치는 요인이 될 수 있다. 그 이유는 수익화를 너무 성급히 적용했기 때문이다. 네이버는 본질적인 검색 기능에 광고 수단과 여론 형성의 데이터 가공 알고리즘을 적용했는데, 이는 본질적인 검색 기능을 약화시켜 불편을 초래하고 신뢰를 떨어뜨릴 수 있다.

이와 대조적으로 구글은 소비자의 검색 니즈를 충족시키는 것을 최우선으로 삼았다. 통계 알고리즘과 소비자 의도 분석을 통해 '최적의 정보'를 찾아 전달하는 것에 초점을 맞춘 것이다. 그 결과 탄탄한 고객층과 트래픽을 확보하는 데 성공했지만 직접적 수익이 되지는 않았다. 따라서 수익 모델을 찾았는데, 가장 적용하기 쉬운 것이 광고였다.

광고의 경우, 많은 기업이 타깃 고객에게 제품 및 서비스 정보를 전달하는 것에 어려움을 겪는다. 그러나 구글의 알고리즘을 활용하면 타깃 고객을 정교하게 선정할 수 있으므로 광고 효과가 커진다. 구글은 먼저 소비자의 니즈를 찾아 검색 서비스를 제공한 다음, 기업의 니즈를 찾아 타깃 고객의 검색 결과에 광고를 실었다. 그러나 검색 결과와 광고는 명백히 구분되어야 하므로 구글은 소비자에게 오해가 없도록 '구글 애드(Google Ad)'라는 표시를 붙였다. 또한 광고는 세 줄이 넘지 않도록 하여 본질적 검색 기능을 해치지 않으려 노력했다.

구글의 모토인 '사악해지지 말자(Don't be evil)'는 소비자에게 가치를 제공하는 데 최선을 다하되, 정보를 왜곡함으로써 부당한 이익을 노리지 말라는 의미를 내포한다. 기업의 수익 위주로 검색 알고리즘을 가공하고 결과를 왜곡하면 결국 고객층도 잃고 플랫폼도 빼앗기는 결과를 초래하기 때문이다. 구글의 사례는 기업 입장에서 플랫폼을 확보하기 위한 전략적 선택이었겠지만, 고객의 신뢰에 기반한 IT 기업이 가야 할 길을 제시한 모범 사례이다.

프리미엄(Freemium)

국내의 소셜커머스 시장에 무수한 경쟁자가 진입했으나, 2015년 쿠팡, 티몬, 위메프 등 소수의 우월적 기업들로 재편되고 있는 상황이다. 이러한 우월적 기업들조차 계속되는 적자를 감수하면서 소비자 플랫폼 확보에 진력을 다하는 형편이다.

그렇다면 현재는 소셜커머스 사업이 수익을 내기 위해 조치를 취할 시점일까? 이에 대한 전략 선택 방법은 기업의 미래 가치에 달려 있다. 영속적으로 플랫폼 경쟁을 하기 위해 본질적 가치를 침해하지 않는 범위 내에서 캐시카우(Cash Cow)를 찾거나 볼링앨리(Bowling Alley, 창출된 수익을 재투자함) 전략으로 대응해야 한다.

IT 기업이 한결같이 부딪히는 문제는 수익 모델 창출이다. 소비자에게 가치를 전달하기 위해 최선을 다하고 브랜드 인지도도 키워왔지만 재무적 가치로 연결시키지 못하면 그동안 쌓아온 것이 물거품이 될 수 있다. 따라서 현재의 플랫폼을 확대하고 고객 확보에 진력하며, 수익 모델을 확보해 미래 원동력을 보유하면서 성장하는 두 마리의 토끼를 다 잡아야 한다.

따라서 소위 프리미엄(Freemium)이라는 수익 모델이 생겨났다. Freemium은 free(자유로운)와 premium(고급 기능)의 합성어로, 무료 서비스로 고객을 끌어들인 뒤 고급 기능을 유료화하여 점차적으로 수익을 창출하는 방식이다. 고객 신뢰에 기반한 플랫폼을 훼손하지 않으면서 캐시카우를 확보하는 것이다. IP TV의 유료 콘텐츠, 아마존의 멤버십 서비스, 게임 아이템 등이 이에 해당한다.

접붙이기와 DNA 가공 중 무엇이 옳은지에 대한 정답은 없다. 데이터 가공도 마찬가지이다. 플랫폼 중심의 데이터 가공 및 분석에는 부정적인 측면이 있다. 플랫폼이 왜곡된 사실을 전파할 수도 있고, 정보 필터링을 통해 인간을 '우물 안 개구리'로 만들 수도 있다. 그러나 잊지 말아야 할 것은, 데이터 가공은 고객의 신뢰를 기반으로 가치를 창조하는 방향으로 진행되어야 한다는 점이다. 수익 중심의 가공을 통해 서비스를 왜곡하는 순간 소비자는 기업을 외면하게 되며, 장기적으로 볼 때 기업의 가치도 떨어진다.

4부

과거는 필요 없다

인간의 무의식을 예측하라

고급 악기만 들면 다 세계적 연주가?

"오늘 오전 8시 4분에 일어날 살인 사건의 '예정 범인'으로 당신을 체포합니다."

2054년 미국 워싱턴 DC를 배경으로 범죄 예측의 미래를 그린 할리우드 영화 〈마이너리티 리포트(Minority Report)〉(2002)의 한 장면이다. 미국 경찰 예방수사국 대원들은 위와 같이 말하며 아내의 불륜 현장을 지켜보던 남편을 '예정 살인 혐의'로 검거한다. 남성이 아내와 내연남을 죽일 것이라는 예지자 세 명의 예언이 근거였다. 범행을 저지르지 않은 남성을 주저 없이 결박할 수 있는 건 예지자들의 예측 적중률이 '100퍼센트'라는 믿음 때문이다.

이 영화의 흥미로운 점은 미래 예측에 대해 다루었다는 것이다. 현대는 경영 환경의 불확실성이 증가하고 있으며, 미래를 예측하는 일이 점점 더 어려워지고 있다. 주로 금융업에서나 산업과 기업을 분석해 기업 가치 및 주가의 등락을 예측할 뿐, 데이터로 미래를 예측하는 모델을 현실에 적용하는 경우는 매우 드물다.

과거의 데이터를 분석해 미래를 예측할 수 있을까? 2010년대 들어 빅데이터 시장에서는 예측 분석(Predictive Analytics) 분야가 급성장하고 있다. 지금까지 살펴본 소비자의 행동 원리를 분석하는 소비자 분석(Customer Analytics)과는 또 다른 분야이다. 가트너(Gartner, Inc.)의 조사에 따르면 2010년대 기업들의 예측 분석 소프트웨어 투자는 매년 10퍼센트 내외로 급증하는 것으로 나타났다.

최신 서버와 소프트웨어에 데이터를 집어넣고 통계 분석을 돌리기만 하면 저절로 답이 나올 것이라고 예상하는 기업이 여전히 많다. 그러나 '일단 통계를 돌려보자, 어떻게든 답이 나오겠지' 하는 식으로 접근하면 대부분 실패한다. 우연히 성공하더라도 예측 분석의 원리를 모르면 활용에 한계를 겪게 되고 머지않아 사용을 중단해야만 한다. 고급 악기가 문제가 아니라, 연주 실력에 신경 써야 하는 것이다. 악기는 현재의 성능으로도 충분하다.

예측 분석에서 가장 중요한 것은 '직관적인 설계'이다. 먼저 예측하고 싶은 정보의 선행 과정(원인)을 논리적으로 설명해야 한다. 영화 흥행 예측은 "고객이 왜 영화를 볼까?"라는 질문으로, 고객 불만 예측은 "어떤 경우에 불만이 생길까?", 건설기계장비 예측은 "왜 건설을 할까?"라는 질문에서 출발해야 한다. 예측 결과가 도출되는 과정은 유형별로 다양하다. 업자마다 건설기계장비를 구매하는 이유가 다르듯, 모든 유형에 하나의 잣대(속성)만 들이대면 예측 정확도가 떨어진다. 따라서 선행 과정의 유형을 분류한 다음, 각 유형별 주요 속성을 토대로 예측해 결과를 합산하는 것이 예측 분석의 핵심이다.

세월호 사건과 빅데이터

2014년 4월 16일 인천에서 제주로 향하던 여객선 세월호가 전남 진도 인근 해상에서 침몰하면서 승객 300여 명이 사망 및 실종된 대형 참사가 일어났다. 이 사고가 아무런 전조 없이 갑자기 발생했을까? 만약 사건이 무작위로 발생한다면 막을 수 없다. 인간이 신이 아닌 이상 미래를 알 수는 없기 때문이다. 그러나 모든 사건 사고는 선행 속성이 있기 마련이다. 이러한 선행 속성을 분석하면 사고를 예방할 수 있다. 중요한 점은, 단순히 예측에 몰두하는 것보다 그 원인을 찾아서 예측해야 훨씬 정확하다는 것이다. 더 나아가 그 원인을 사전에 해결하는 것이 데이터 분석의 궁극적인 지향점이다.

　수많은 사고 통계를 접했던 허버트 윌리엄 하인리히(Herbert William Heinrich)는 산업재해 사례 분석을 통해 통계 법칙을 발견했다. 그것은 바로 산업재해로 중상자가 1명 나왔다면 이전에 동일한 원인으로 생긴 경상자가 29명, 동일한 원인으로 부상을 당할 뻔한 잠재적 부상자가 300명 있었다는 것이다. 이 '1:29:300' 비율을 '하인리히 법칙(Heinrich's Law)'이라고 부른다.

이것이 빅데이터 예측 분석에 시사하는 바는 무엇일까? 사고가 발생하는 데는 원인 요소들에 기인한 일련의 과정이 있다는 것이다. 잠재적 부상자 및 경상자 발생의 원인 요소 하나하나가 차후 중상자 발생의 원인으로 결합한다. 따라서 빅데이터 예측 분석 시, 원인 요소를 유형으로 분류해 데이터로 관리하면 사고를 사전에 예방할 수 있다.

세월호 사건의 주요 원인으로 무리한 화물 적재와 증축, 해상교통관제센터의 허술한 대응, 선원들의 무책임, 정부의 미흡한 대처 등이 거론되었다. 데이터 분석을 통해 이러한 해상 사고를 예측하는 경우, 다음 순서대로 진행한다.

(1) 사고 유형을 명확히 정의하고 분류한다(해상 침몰, 건물 붕괴 등).

(2) 실제로 사고가 일어난 사례를 수집한다. 하인리히 법칙을 토대로 잠재적 부상자, 경상자, 중상자 발생과 같은 사고 사례를 수집한다.

(3) 사고가 일어나는 주요 원인 경로를 파악한다(화물 과적, 선박 증축, 관제센터 대응, 선원 역량, 정부 대처 등).

(4) 사고 발생 원인에서 발견되는 공통적이면서 빈도수가 높은 '원인 요소'를 찾아낸다. 단, 관계자 입장에서 행동을 유추해

요소를 찾는다. 예를 들어 '과다한 화물 적재'의 원인 요소를 찾는다면 비교적 높은 운송 매출, 관계자의 과거 징계 유무, SNS 및 웹로그 고객 불만 등의 정보를 수집할 수 있다(정보들의 데이터 수집 가능성을 염두에 두어야 한다).

(5) 이러한 요소들을 수치화, 표준화, 더미(Dummy)화하여 사건 발생 여부와 회귀분석을 한다. 일정 기간 단위로 사용한 뒤, 각 요소의 가중치를 변경하는 작업을 반복하며, 데이터가 쌓일수록 정교하게 사고를 예측하도록 한다.

이러한 '원인 기반' 예측 분석은 첫째로 히트 상품, 히트 브랜드 및 산업을 예측하는 '성장 아이템 예측', 둘째로 증권, 수주 산업 시장 이벤트 센싱(Sensing, 즉 인덱스화) 등의 '수요 예측', 셋째로 은행, 보험사, 카드사와 같은 금융사 또는 세무, 경찰 등 공기업의 '리스크 및 범죄 예측'에 활용할 수 있다.

이제부터 각각의 사례별로 구체적인 활용 방안을 살펴보기로 하자.

인간의 무의식을 예측하는 빅데이터

한 글로벌 금융 기업에서 직원의 행동에 따른 '위험 감지 예측 시스템'을 도입하고자 필자에게 문의를 해왔다. 내부 임직원의 성향과 특별 상황에서의 위험 시나리오를 분석하고 사전에 이를 감지하려는 것이었다. 최근 기밀정보 유출, 자금 횡령, 사기 방조, 고객 정보 유출 등 기업 내부 범죄가 증가하면서 기업에서는 임직원을 대상으로 위험 행동 예측 방안을 고민하고 있었다. 기본 방침은 이미 정해진 상태였다. 회사 내부 데이터를 이용해 전체 속성을 뽑아 시간 흐름을 기반으로 통계 처리하기로 했으며, 이에 사용될 서버와 소프트웨어를 고민하고 있었다.

그러나 필자는 활용 방안이 나오지 않은 상태에서 무작정 통계 프로그램을 돌려보면 실패할 확률이 높다고 조언했다. '사고를 미연에 방지'하는 뚜렷한 가설이나 논리적인 계획 없이 '데이터를 분석해보면 뭔가 예측 방법이 보이겠지' 하는 막연한 태도는 매우 위험하다. 이에 필자는 위험 감지 시스템 도입을 위해 다음과 같이 '임직원 관점'의 행동 원리에 기초한 예측 프로그램을 설계했다.

1. 위험 행동 분류

먼저 위험 행동의 유형을 분류한다. 임직원이 고객 정보를 유출하는 경우, 기업의 핵심 기밀을 가져가는 경우, 단체 퇴사를 계획하는 경우 등 위험에 대해 분류한다. 주로 과거에 큰 손실을 입었던 경험을 위주로 유형을 명확히 나눈다. 이것이 앞으로 감지할 위험이다. 각 위험별로 임직원의 특징이나 이상 행동이 '뚜렷하게 구별되는 수준'을 구분 기준으로 삼는다.

2. 위험인물 유형(원인) 정의 및 분류

앞에서 정리한 위험별로 어떠한 인물 유형(원인)이 있는지 가설적으로 정의한다. 예를 들어 내부 기밀이나 고객 정보를 유출하는 경우에는 '의뢰를 받고 계획적으로 대용량 자료를 빼돌리는 유형', '중요 정보만 활용할 목적으로 반출하는 유형', '일단 정보를 빼돌리고 향후에 개인 활용이나 거래를 위해 유출하는 유형', '이유 없이 개인적 관심이나 백업 목적으로 빼내는 유형' 등이 있었다. 각각의 유형에서는 임직원의 직급, 부서, 성별, 결혼 유무, 자녀 유무, 평균 외근 시간, 연봉 등이 매우 큰 차이를 보였다. 따라서 이를 토대로 위험 행동을 저지르는 상황을 유추할 수 있다.

3. 실제 위험 행동 및 인물 사례 수집

데이터를 분석하기 전에 실제로 위험 행동이 일어난 사례들을 종합한다. 이때 중요한 점은 하인리히 법칙에 의해 실제로 위험 행동으로 밝혀진 수는 잠재적으로 존재한 위험 행동보다 훨씬 적다는 것이다. 위험 행동으로 밝혀진 케이스가 충분히 많지 않으면 통계적으로 신뢰성 있는 결과를 얻을 수 없다. 따라서 현업 담당자가 위험 행동을 최대한 정밀하게 찾아내고 그 사례를 모두 수집하는 작업이 필요하다. 그리고 당시의 임직원 정보(인구 통계, 내부관리 통계 등)도 함께 수집한다.

4. 위험 행동 및 인물을 예측할 수 있는 데이터 속성 가공과 도출

위험 행동 사례에 따른 각각의 데이터 속성을 추출한다. 주로 과거 6개월간의 데이터를 분석하는데, 위험 행동별로 중요 속성이 모두 다르다. 주요 속성에는 포털에서의 조회 단어, 내부 사규 열람, 자료실 방문 횟수 및 시각, 외근 내역, 프린트 횟수 및 시각, 외부 메일 발송 내역, 메신저 사용 내용 등이 포함되었다. 이는 행동 분석 시 꼭 필요한 데이터인데, 정형화되어 있지 않은 경우 이를 수집하는 계획을 따로 수립해 향후 예측 모델 개선에 사용하도록 했다.

5. 위험인물 유형 분류

각 위험 행동별로 위험인물 유형을 분류한다. 회사 전체 임직원을 대상으로, 주요 데이터 속성을 이용해 프로파일링과 클러스터링을 수행해 유형을 분류 및 할당한다.

6. 더미 회귀분석을 통해 각 속성의 가중치 설정

데이터로 예측 통계를 수행하는 데 꼭 필요한 것이 표준화 및 더미화 가공이다. 횟수, 시각, 비율, 금액, 사용 여부 등 데이터 속성마다 성격이 다르며, 그 정도를 숫자로 표현하기 어려운 경우도 있다. 이러한 비선형적 속성들로 선형적 회귀분석을 하면 왜곡이 일어난다. 따라서 표준화할 수 있는 정보는 표준화하고(예를 들어, 랭킹화 또는 금액을 로그함수 처리), 그렇지 않은 경우는 더미화하여 회귀분석이 가능하도록 한다.

예를 들어 연봉과 위험도는 동일한 비율로 증가하지 않는다. 따라서 이 경우엔 연봉을 로그함수 처리해 위험도와 비교 가능하게 하거나, 연봉을 구간대별로 나누어 1 또는 0으로 세팅하는 '더미화'를 수행한다. 더미화는 각 케이스의 개수를 고려해 구간을 적절하게 나누는 것이 중요하다. 구간이 너무 많으면 각 구간의 모수가 줄어들어 통계 오차가 커지고, 구간이 너무 적으면 구간 내에서 차이가 무시되기 때문에 예측이 정확하지 않을 수 있다.

가능한 한 속성 간 연관이 낮은 독립 속성들을 선택하고 Y값은 위험 행동 여부(1 또는 0)로 설정해 회귀분석을 수행한다. 회귀분석 결과 오차 범위 내 각 속성의 계수들이 가중치가 되며, 이것을 고정시킨 뒤 매주 고객 속성 정보를 집어넣어 속성×계수의 총계를 구한다. 그 값이 바로 위험 확률이다.

7. 매주 자동 프로그램을 돌려 개인별 위험 유발 행동 확률 계산

전체 임직원을 대상으로 매주 위험 예측 프로그램을 (각 위험 유형별로) 돌려 위험 확률을 계산한다. 매주 위험 확률이 일정 수준 이상인 경우와 인물을 추출하고, 세부 원인이 되는 속성 값을 보여주어 그 원인을 파악한다. 필요 시 인물과 상황을 면밀히 조사해 위험 행동을 사전에 예방한다.

8. 일정 기간 백테스팅(Back-testing)해 모델 검증

분기마다 주기적으로 회귀분석을 수행해 속성별 가중치를 업데이

일반적 예측 분석

변수	통계 툴	설명	수행	고객

트한다. 또한 데이터 속성 정보를 발굴해 회귀분석에 포함시킨다. 요즘과 같은 웹 환경에서는 로그 정보를 이용해 목적에 맞는 속성을 많이 얻을 수 있다. 데이터양과 위험 사례의 종류가 늘고 위험 행동 적발이 많아질수록 모델은 더욱 정교해지는 영속 발전적 빅데이터 활용 시스템이 된다.

이 사례의 행동 원리 예측 모델이 일반적인 예측 모델과 가장 다른 점은 '사람이 행동하는 원리'에 초점을 맞췄다는 것이다. 대부분의 기업에서는 다음과 같이 질문한다. "전체 임직원을 대상으로 포털 이용 로그, 출입 기록이나 프린트 사용, 파일 데이터 접속, 이메일 등을 이용해 통계 프로그램을 돌리면 되지 왜 인물 유형을 나눕니까?" 필자도 과거에 그러한 시도를 많이 해보았으나 대부분 오차율이 너무 커서 사용할 수 없었다.

예측 통계는 '사람의 판단'으로 성격이 서로 다른 유형과 행동을 최대한 구분하고 원인을 밝혀내는 것이 가장 중요하다. 그러기 위해서는 사람(고객)의 관점에서 가설적으로 행동을 유추한 다음 통계의 힘을 빌려 각 유형별로 '회귀분석이나 예측 프로그램'을 쓰는 것이다. 이 방법이 우리가 할 수 있는 가장 정확한 예측 통계이다.

| 변수 | 통계 툴 | 설명 | 수행 | 고객 |

행동 원리에 초점을 맞추는 또 다른 이유는 원리를 찾아야 근본적인 해결책을 얻을 수 있기 때문이다. 원리를 찾으면 사전 예방과 근원적 치료가 가능하다. 예를 들어 위험 행동 확률은 인물 유형별로 차이를 나타내므로 확률이 높은 요주의 인물을 인사에 반영해 훨씬 효율적으로 관리할 수 있다. 또한 정책적으로 회사 규범을 재정비할 수 있으며, 유형별 활동 동선에 보안을 강화할 수도 있다. 표면적인 예측 결과에 연연하기보다는 원론적으로 위험 행동이 발생하는 원인을 알아야 한다.

많은 사람이 원리 기반 예측 통계 방식을 어려워하는 이유는 인문학 역량과 공학 역량을 모두 필요로 하기 때문이다. 사람의 행동 원리를 유추하고 속성을 찾아내는 것은 인문학 지식을, 통계적 모델을 이용해 프로그램화하는 것은 공학 역량을 필요로 한다.

액티브X면 다 해결된다?

2014년 박근혜 대통령은 "한류 열풍으로 인기 절정인 '천송이 코트'를 중국 고객이 한국 온라인 쇼핑몰에서 사고 싶어도 못 산다"라고 하면서 관계자들을 질타했다. 바로 액티브X 때문이다. 왜 한국은 결제 시스템이 그토록 복잡하고 불편할까? 이베이나 아마존 같은 글로벌 온라인 쇼핑몰은 신용 카드 정보만 입력하면 간편하게 결제가 된다. 그렇다면 이런 쇼핑몰들은 보안에 취약할까? 정보 유출과 피싱 범죄가 끊이지 않는 국내 온라인 쇼핑몰에 비해 이들 쇼핑몰은 보안에 철저하다. 즉 고객에겐 편리하지만 보안은 철통같이 유지된다. 어떻게 이런 일이 가능할까?

금융 위험 예측

이베이나 아마존 등 글로벌 온라인 쇼핑몰은 앞서 살펴본 '위험 예측 모델' 개념을 적용해 보안 모듈을 구성하고 관리한다. FDS(Fraud Detection System, 이상 금융거래 탐지 시스템)라 부르는 이 모델은 첫 번째로, 사용자의 행동 패턴을 분석한다. 사용자의 구매 내역을 기록하고 내용을 분석해 행동 패턴을 정의하는 것이다. 사용자가 어떤 카테고리의 제품들을 많이 샀는지, 어느 정도 금액 수준의 제품을 많이 샀는지, 어느 단말기(PC)를 통해 구매를 많이 했는지, 어느 지역에서 구매를 많이 했는지 등, 구매 시 기록된 데이터에서 최대한의 행동 패턴을 찾아낸다.

자주 사용되는 구매 패턴 안에서는 복잡한 인증 절차 없이 간단하게 결제가 진행된다. 그러나 그 패턴과 크게 동떨어진 결제 행위(은행의 경우에는 송금 행위)가 일어났을 땐 그 행위에 대해 2차 확인 절차를 진행한다.

두 번째로 금융 범죄자의 관점에서 사기 행위를 일으키는 행동 패턴을 찾아낸다. 금융 범죄자의 행동 원리에 기반해 어떠한 과정으로 범죄를 저지르는지 유형화하는 것이다. 위험 행위를 일으킨 기존 사례를 분석해 데이터 속성을 추출한 뒤, 유사한 패턴이 진행되면 확률을 계산하고 위험 신호를 내보낸다. 이 상황에서는 고객과 잠재 범죄자에게 경고성인 2차 인증 방식으로 확인 절차를 강화한다.

인간의 행동 원리에 기반한 알고리즘은 이렇게 다양하면서도 확실하게 적용될 수 있다. 위험 감지나 판매 예측 모두 사람이 하는 행동에 따른 결과이다. 사람의 행동 원리나 심리 요인으로부터 출발하지 않으면 정교한 데이터 분석을 할 수 없으며, 끝까지 수박겉핥기 식 분석만 하다 끝난다.

하버드 대학교의 제럴드 잘트먼(Gerald Zaltman) 교수는 인간의 인식 활동 중 무의식이 차지하는 비율이 95퍼센트나 된다고 말했다. 그만큼 인간의 무의식에 존재하는 본질적 욕구와 행동 원리를 파악하는 것은 중요하다. 데이터 분석은 사람의 행동 원리를 가능한 한 깊게 파고드는 자가 최후 승자가 된다.

빅데이터 범죄 예방 시스템

중국의 한 빅데이터 기업에서 필자에게 빅데이터를 이용한 범죄 검거 시스템에 대해 조언을 요청해왔다. 그들은 범죄자를 효과적으로 파악할 수 있는 방안을 모색하는 중이었다. 이에 대해 필자는 영국경찰청의 사례를 소개하며 범죄 행동 원리에 기반한 모델을 제시했다.

기존의 데이터 범죄 수사 방식은 수학적 모델을 기초로 지역, 날씨, 스포츠 행사 등의 속성을 집어넣어 비슷한 패턴을 찾아내고 통계적으로 미래를 예측했다. 한마디로 인간 행동 원리로부터의 접근이 없었다. 따라서 검거량은 늘었지만 범죄 발생 수는 줄어들지 않았다. 사회적 부조리를 해결하지 않은 채 범죄를 공권력으로 제압하려고만 했기 때문이다. 즉 범죄 예측력은 좋을지 몰라도 원천적인 범죄 예방은 불가능했다.

영국의 더럼 지역 경찰은 대량의 보험 데이터 가운데 미심쩍은 보험 청구에 대한 정보를 수집했다. 이에 대해 사기 범죄의 실제 인물과 당시 상황을 고려해 가설적으로 보험 사기 시뮬레이션을 수행했다. 각 유형별로 여러 특징을 발견한 경찰은 특징이 되는 지표를 모니터링했다. 그 결과, 사건을 조작하고 보험금을 요구하는 조직적 상습 사기범을 높은 수준으로 예측할 수 있었다.

한발 더 나아가 경찰은 '왜 범죄가 발생하는지'에 대한 거시적인 그림을 그리고 이에 대한 해법을 연구했다. 보험 사기를 계획하는 배경에는 '수입 감소로 인한 생활고', '보험금 수수 경험에 의한 정보 입수', '긴급한 목돈 필요' 등 여러 가지가 있으며 원인을 유형별로 나눌 수 있다. 가족, 친구, 수입 변화, 보험사 접촉 이력 등을 살펴보면 보험 사기를 계획하는 이유를 파악할 수 있다. 경찰은 각 유형에 대한 근본적인 원인을 파악해 신속히 대응하고

교화 프로그램을 가동했다. 또한 단순히 경찰 정보나 경찰 수행 범위로 해결되지 않는 경우는 정부기관들의 협업을 통해 문제를 해결하는 방안을 종합적으로 연구했다.

이와 같이 원리에 기반한 예측은 정확성과 활용성이 매우 높다. 원리 기반 범죄 예방에 초점을 맞춘 빅데이터 분석 모델링 과정을 소개하면 다음과 같다.

1. 범죄 유형 분류

먼저 예측이 필요한 범죄의 유형을 분류한다. 범죄의 원인과 결과가 명확하게 구분되는 수준으로 정의한다(절도, 폭력, 성범죄, 사기 등).

2. 가설적 범죄자 유형 도출 및 행동 분석

범죄자의 유형을 도출할 때, 범죄의 '원인'을 드러나게 하는 '범죄자 특징' 파악에 중점을 둔다(생계형, 폭력성, 정신적 열등감, 우울성 등).

범죄자 유형별로 인터뷰와 사례 조사를 통해 행동 원인을 분석하고 범죄 유발 경로 시뮬레이션을 수행한다.

3. 범죄자의 특징을 나타내는 주요 속성 도출

범죄자 유형을 명확하게 드러낼 수 있는 속성들을 가능한 한 많이 찾아낸다. 그리고 그 속성을 데이터베이스에서 추출하는 로직을 개발한다. 이를테면 '중졸 이하, 무직 기간 12개월 이상, 출소한 지 6개월 미만 등일 때 생계형 절도 확률이 높다'와 같이 범죄자 특징을 데이터로 찾아낼 수 있는 속성(학력, 무직 기간, 출소 시기)을 최대한 찾아낸다. 단, 가설적 범죄자 유형이 드러나도록 속성을 가공해 사용한다(예를 들어 학력 속성이 포함되어야 한다면, 단순히 초, 중, 고와 같이 쓰지 않고, 가설적 범죄자 유형을 명확히 이해할 수 있도록 고등학교 졸업 이하, 대학교 졸업 이상으로 나누는 방법 등을 취한다).

주로 사용하는 데이터는 다음과 같다.

- 통계 속성: 성별, 연령, 경제력, 거주지, 학력, 병력, 가족관계 등
- 범죄 속성: 복역 횟수, 기간, 출소일 등
- 개인 속성: 실직, 자산 감소, 무직 기간, 출산, 이혼, 이별 등

4. 범죄자 프로파일링 및 유형 군집화

범죄 유형별 범죄자들의 속성을 정리한다. 그 후 통계적 군집 기법을 수행하여 범죄 유형별 범죄자 군집을 도출한다. 예를 들어 절도 범죄형은 수입 감소 군집, 정신 불안정 군집, 사회 불만 군집 등으로 범죄자를 군집화한다.

5. 범죄 확률 도출

지역 특성(학력, 경제력, 밀집도, 상권, 경찰 병력 범위 등), 외부 요소(사람의 동선, 날씨, 계절, 행사 유무, 주말, 시각 등), 범죄자 군집 및 주요 속성을 선정해 X값으로 하고, 범죄 결과 데이터를 Y값으로 하여 회귀분석을 실시해 시간, 시역, 개인에 따른 범죄 확률을 도출한다. 단, 속성의 특징에 따라 더미화 또는 표준화하여 사용한다.

6. 시간, 지역, 개인에 따른 범죄 예측

특별 이벤트(행사, 명절, 스포츠 등)가 있는 시간대별, 지역별로 범죄 유형별 위험도, 범죄 규모, 범죄 발생 확률을 예측한다. 이를 기초로 확률 및 규모를 산정해 보안을 강화하고 경찰 병력 배분을 최적화한다.

범죄 유형별 원인 지수를 기초로 하여 개인별로 범죄 확률을 도출해 특별히 동선 및 이상 행동을 모니터링한다.

7. 범죄 예방

범죄자 유형별로 근본 원인을 조사하고 그에 따른 해결 방법을 찾는다. 예를 들어 해당 범죄자 유형에게 취업 프로그램이 필요한지, 의료 지원이 필요한지, 금융 상담이 필요한지 등을 조사, 연구한다. 각 유형에 대해 유관 기관의 협조를 구하고 개인별 해결 방안을 논의하며 필요 시 캠페인을 실시한다. 기관 협업을 위해 사회, 경제적 문제점을 도출하고 이슈화한다.

Case Study 2

빅데이터로 고객의 이탈을 예측한다

어느 외국계 고급 백화점에서 VIP 고객의 이탈을 예측하고 관리하기 위해 빅데이터를 활용하기로 했다. 데이터 분석 팀에서는 통계적 기법을 사용해 이탈을 감지하고 예측하는 시스템을 구축했다.

하지만 이 시스템에는 두 가지 큰 맹점이 있었다. 첫째는 이탈할 것이 확실한 고객만 예측이 가능했다는 점이다. 이 시스템에서는 이탈한 결과를 가지고 특징을 찾아낸 후 이탈을 감지하는 방법을 사용했다. 따라서 '장기간 미방문 고객', '연락이 수차례 안 된 고객' 등은 이탈이 예상된다는 '뻔한' 결과가 도출되었다. 이는 영업 팀에서 이미 알고 있는 사실을 확인시켜주었을 뿐이다. 누구나 알 수 있는 결과를 예측하는 시스템은 큰 도움이 되지 않는다.

둘째는 이탈 원인을 모르니 대응할 수가 없었다는 점이다. 데이터 분석 팀은 목표를 '이탈 원인'으로 잡지 않고 '이탈' 자체로 설정했으며 이탈 위험도도 '상, 중, 하'와 같은 단순한 지수로 표시했다. 그 외의 특징은 전혀 분석하지 않았다.

백화점 입장에서는 단순히 고객의 이탈을 예측하는 것이 아니라 이탈하려는 고객을 충성 고객으로 되돌리는 것이 궁극적 목표이다. 이탈하는 원인을 모르는데 어떻게 고객을 되돌릴 수 있겠는가? 우선, 되돌릴 수 있는 성격의 고객인지 아닌지 판단하고, 되돌릴 수 있다면 현재 어떤 문제가 있어서 이탈하는지 분석해야 한다.

고객이 이탈할 때는 이유가 있다. '경쟁사로 이동'하거나 '이사'할 수도 있다. 경쟁사로 이동했다면 세부적인 이유(가격, 서비스, 영업, 품질 등)도 따른다. 이유도 묻지 않은 채 이탈 고객만 예측하는 데이터 분석 팀의 태도는 편의주의에 입각한 '강 건너 불구경' 식의 태도나 다름없다.

이에 대해 필자는 고객 이탈의 '예측'이 아니라, 이탈의 '원인 파악'에 집중하라고 조언했다. 이는 앞서 살펴본 범죄 원인 기반 예측과 같은 맥락이다. 고객이 이탈하는 원인에 초점을 맞추면 이탈 예측도 쉬워지고, 이탈하려는 고객을 되돌리기도 용이하다. 최종 목적은 '이탈을 예측하는 것'이 아니라, '이탈을 미연에 방지하는 것'이기 때문이다.

1. 이탈 원인별 유형 도출

고객 조사와 관찰, 인터뷰를 통해 고객이 이탈하는 주원인을 도출한다. 유형을 나누고 그것에 대한 대표적 유형 특징을 도출한다.

2. 이탈 기준 정의

각 유형별로 이탈하는 기준을 명확히 한다. 기간(6개월간 미방문 등)을 단계적으로 명시해 이탈 정도를 수치화한다. 이는 이탈을 감지하고 자체적으로 조치를 취할 시기를 정하는 것으로, 이탈 유형별로 다르게 정의한다.

3. 이탈 원인별 윈백 방안 수립

유형별로 이탈을 예측하기 전에 먼저 이탈하려는 고객을 되돌릴 수 있는지 파악한다. 고객이 이사를 갔다거나 경제력이 떨어진 경우에는 아무리 노력해도 되돌릴 수 없다. 유형별로 이탈 고객의 중요도를 측정하기 위해서도 윈백(win-back) 방안이 필요하다.

4. 이탈 유형별 데이터베이스 도출 방안 수립

유형별로 각각 이탈 전조가 데이터로 드러나는 것들이 있다. 예를 들어 중년 여성 패션 고객이 이탈하기 전에는 주로 자신의 의류 구매를 줄이는 경향이 있다. (큰 관심이 없는) 배우자, 자녀의 옷은 그대로 구매하는 반면 자신의 옷은 까다롭게 구매하기 때문인데, 다른 백화점에서 자신의 의류를 구매하다 보면 결국 모든 의류를 다른 백화점에서 구매하면서 이탈하게 된다. 이러한 선행지표를 종합해 이탈 유형을 분류(할당)한다.

5. 이탈 고객 회귀분석

이탈 여부를 Y, 데이터 특징(선행지표)을 X로 놓고 유형별로 더미 회귀분석을 통해 각 계수를 구하고 고객별로 이탈 확률을 계산한다.

6. 이탈 원인별 대응

주기적으로 이탈 확률이 높은 고객을 추출해 원인에 맞는 대응(영업, 판촉, 정보 제공 등)을 수행한다. 또한 이탈이 진행되는 원인을 도출해 전사적 대응 방안(상품, 가격, 매장 등)을 수립한다.

빅데이터는 빅브라더?

빅브라더(Big Brother)는 조지 오웰의 소설 『1984』에 나오는 가공의 인물로, 전체주의 국가 오세아니아를 통치하는 정체 모를 수수께끼의 독재자이다. 빅브라더는 텔레 스크린을 통해 시민들을 감시하며 통제한다. 시민들은 안전하게 보호받고 있다는 느낌보다 감시와 의심을 받고 숨 막히는 통제 사회에 살고 있다는 강박관념을 갖고 있다.

빅데이터 시대에 접어들면서 빅브라더의 예를 들어 개인 정보 유출과 정부의 감시를 우려하는 목소리가 높다. 합당한 우려임에는 분명하지만, 빅데이터 활용에 대해서는 보다 이성적이고 논리적인 접근이 필요하다. 과연 빅데이터는 우리를 옥죄는 사슬이 될까?

빅데이터 활용의 중심 사상은 심리 치료에서 찾을 수 있다. 심리 치료의 기본은 환자가 감정을 표출했을 때, 그 근본 원인을 그의 성장 과정에서 찾아내는 것이다. 그런 다음에 치료를 한다. 데이터 분석도 마찬가지로 표면적 현상보다는 인간의 행동 원리에 집중해 근원을 파악한다. 문제를 해결하기 위해서이다.

데이터 분석의 궁극적인 목적은 어디까지나 인간의 삶을 윤택하게 하기 위함이다. 인간을 감시하고 통제하고자 하는 이른바 빅브라더의 목적과는 전혀 맞지 않는다. 빅데이터의 중심 사상은 인간 행동의 원인을 파악해 해결함으로써 가치를 영속적으로 창출하는 것이다.

예를 들어 인간이 범죄를 저지르는 데는 근본 원인이 있는데, 그 원인을 찾지 않으면 궁극적인 해결은 요원하다. 따라서 표면적 감시나 통제는 최악의 빅데이터 활용 방법이다. 사실 엄밀히 말하면 빅브라더와 빅데이터는 별개이다. 표면적으로 감시하는 것은 빅브라더이고, 내면의 원리를 찾아 문제를 해결하기 위한 것이 빅데이터이다.

응징인가, 예방인가?

필자가 만난 한 고위급 사법 관계자는 다음과 같은 말을 했다. "범죄자를 잘 잡는다고 범죄가 줄어드는 것은 아니다." 이것이 의미하는 바는 무엇일까? 범죄가 일어나는 근원을 해결하지 않고 표면적으로 나타난 범죄자들만 잡아 가두면 다른 쪽에서 또 다른 문제가 발생한다는 것이다(새로운 범죄 발생, 치안 불안, 삶의 질 저하 등). 이른바 '풍선 효과'인데, 원인을 해결하지 않고 결과에만 집착하는 행태에 경종을 울리는 말이다.

영화 〈마이너리티 리포트〉처럼 정교하게 범죄를 예측해서 막는다고 사회가 발전하진 않는다. 그보다는 범죄의 원인을 해결하는 데 주력해야 한다. 이는 빅데이터의 범죄 예측 분석 방향과 일치한다. 범죄의 원인에 집중함으로써 빅데이터로 사건도 예측하고 범죄율도 감소시키는 것이다.

10장

패턴이 있으면 예측 가능하다

2010년대 들어 패션업계는 심각한 불황을 겪고 있다. 유일하게 성장하는 기업은 유니클로, 자라, 에잇세컨즈(8seconds) 등 SPA 기업뿐이다. 시장 주도권은 주로 11번가, 이베이, 티몬 등 온라인 및 모바일 B2C 유통 기업이 장악한 상태이며, 이에 반해 전통적 패션 기업은 내리막길을 걷고 있다. 이는 단지 국내뿐만 아니라 세계적인 현상이다. 이렇게 된 원인은 무엇일까?

전통적으로 국내 패션업체들은 봄·여름/가을·겨울을 기준으로 계절이 바뀔 때 패션 전문가들이 해외 유명 컬렉션을 참조해 국내에서 판매할 의류를 국내 소비자의 체형과 성향에 맞게 가공해 제조, 판매한다. 그러나 수개월이 소요되는 이 작업에는 문제가 있는데, 바로 전적으로 '공급자 중심'의 제조 프로세스라는 것이다. 소비자의 패션 니즈는 시시각각 변하며 유행 주기도 점점 짧아지는데, 계절별로 의류를 제작해 판매하는 것은 과거 공급이 수요를 따라가지 못할 때나 효과적이었던 방식이다.

반면 SPA 기업은 소비자의 니즈를 꾸준히 모니터링하여 인기 있는 아이템을 빠르게 생산, 유통해 소품종 대량 판매를 실시한다. 전형적인 '소비자 중심' 프로세스인 것이다. SPA는 비즈니스 환경이 공급자 중심에서 소비자 중심으로 넘어오면서 발생한 필연적 사업 형태라고 볼 수 있다.

이렇듯 현대 패션업체들은 타깃 대상을 명확히 하고 그들의 니즈(유행 상품)에 집중하고 있다. 그렇다면 데이터 분석으로 패션 상품 고객의 니즈를 알아내는 방법으로는 무엇이 있을까? 결론부터 말하자면, 언제나 그렇듯 출발점은 '고객'이다. 데이터로 고객의 '유행 패션 전파 과정'을 파악해내는 것이다. 그런 다음, 과정을 프레임(Frame)화하여 단계적으로 접근한다. 지금부터 필자의 패션 산업 프로젝트 경험을 바탕으로 유행 상품 예측 방식을 구체적으로 살펴보자.

내부 데이터 기반 예측

다음은 국내 한 패션 전문 온라인 쇼핑몰의 유행 상품 예측 및 대응 모델이다.

(1) 먼저 이 회사의 데이터베이스에서 고객의 구매 데이터를 분석해 프로파일링과 클러스터링을 수행했다. 그 결과로부터 고객의 성향 군집을 도출한 다음, 인터뷰와 리서치를 통해 군집의 특성을 분석했다.

(2) 고객군을 유행에 대한 반응 순서별로 이해했다. 패션 상품은 언제나 유행 단계 순서대로 전파된다. 강한 유행은 전 고객군에 전파되고, 약한 유행은 일부에만 전파된 뒤 유행을 마친다. 이 중에서 유행 얼리어댑터 고객군을 찾아내 정의했으며, 이를 위해 고객 얼리 지수(신상품을 일찍 구매)와 스니저 지수(히트 상품을 먼저 구매)를 개발했다.

(3) 얼리어댑터 고객군이 먼저 구매하는 아이템을 조사한 뒤, 이 아이템의 판매량, 판매 속도, 재구매율에 기반해 통계적으로 향후에 기간별로 얼마나 판매되는지 분석했다.

(4) 각 상품에 유행 속성을 부여한다. 유행 속성은 유행에 대한 선행 지표로서, 구매자의 평균 연령, 수도권 비중, 모바일 비중, 성별 등이다.

(5) 얼리어댑터 반응 통계와 상품의 유행 속성을 각각 표준화하여 회귀분석을 수행한다. 이 결과로 회귀분석 함수를 도출한다.

(6) 회귀분석 함수를 적용해 모든 상품에 대해 판매량 및 매출을 예측한다.

(7) 오차율 범위 내의 예상 판매량 계획이 나오면, 이에 따라 주

문 발주와 재고 관리를 한다.

(8) 예상 히트 상품 두세 가지에 대해 집중적으로 마케팅하여 자사의 대표 상품으로 끌어올린다. 즉 인기 제품의 판매 양상을 초반에 분석해 경쟁자보다 먼저 타깃 고객에게 판매하는 것이다.

필자가 담당한 온라인 쇼핑몰은 이 유행 상품 예측 모델만 가지고도 온라인에서 경쟁 기업을 압도할 수 있었다.

외부 데이터 기반 예측

한 국내 패션 브랜드 편집 숍에서 '유행 상품 라인업 시스템'을 가동했다. 이 시스템은 자사 고객이 아닌 외부의 얼리어댑터 고객군 정보가 필요했다. 왜냐하면 오프라인 매장 위주의 기업이었기 때문에 인식 고객 데이터가 많지 않았던 것이다. 또한 주요 패션 아이템인 신발의 경우, 매장에서 구매가 일어나면 재고 확보나 마케팅은 이미 한발 늦은 상태이므로 선제적 대응을 위해 속도가 빠른 온라인에서 데이터를 수집하는 방법을 택해야 했다.

(1) 얼리어댑터 고객군의 동향을 모니터링하기 위해 SNS 이용 고객을 활용했다. 특정 카페, 페이스북 그룹, 온라인 모임 등

을 분석해 얼리어댑터 고객군이 주로 활동하는 곳을 최대한 선별했다.

(2) 이러한 고객군의 글을 데이터 크롤링으로 수집하고, 나오는 단어들을 조합해 패션의 유행이 시작되는 것을 감지했다. 특정 단어와 수식어 위주로 모든 글을 분석해 유행 제품, 브랜드 센싱을 자동화했다. 트래픽과 빈도가 늘어날수록 오차 범위는 줄어들고 향후 아이템의 니즈가 커진다는 신호가 나타났다.

(3) 이렇게 패션 아이템들을 모니터링하면서 동시에 해당 유행 브랜드와의 협상을 통해 매장에 배치가 가능한 제품들을 빠르게 구비함으로써 매장 전체가 유행의 최첨단 제품으로 꾸준히 리뉴얼되도록 전략을 수행했다. 유행을 일으키는 디자인(브랜드) 구색은 수익성에 관계없이 무조건 확보하게 했다. 그 결과 이 기업은 오프라인 얼리어댑터의 필수 구매 코스로 급속히 입소문을 타게 되었다.

(4) 빅데이터상에서 나타나는 상품별 유행 강도에 따라 상품 라인업 구성, 재고 확보(주 단위 예상 판매 수량, 주문 수량, 안전 재고) 등을 자동화했으며, 실행이 진행될수록 재고 정도의 오차를 줄이기 위한 최적화를 진행하여 데이터가 쌓일수록 예측력이 향상되는 시스템을 구축했다.

경로 기반 유행 예측

현장에서 근무하는 유통업자나 제조업자들은 패션의 전파 원리를 경험적으로 알고 있다. 데이터 분석이란 이러한 현장의 원리를 적용해 그들이 하지 못하는 통계적, 정량적 분석을 통해 활용이 용이한 솔루션을 만드는 것이다. 그러기 위해서는 먼저 현장 담당자들이 알고 있는, '고객 행동을 이해하고 패션의 전파 원리를 파악하는 것'이 필요하다.

전국적인 유통망을 가지고 있는 한 국내 패션업체에서는 유행의 전파 경로에 따른 유행 상품 추적 시스템을 구축했다. 패션은 선진 문물이 받아들여지는 곳(주로 항구 도시)에서부터 이노베이터와 얼리어댑터의 시도로 시작된다(단, 사치재의 경우는 경제 도시의 부유한 지역에서 유행이 시작된다). 패션 고객들의 이동 경로에 따라 도시 중심으로 전달되며 최종적으로 대도시에 도달한다. 대도시 고객들 사이에 유행이 퍼지면 다시 전국으로 내려가 유행 아이템을 접하지 못한 고객에게 유행이 확산된다.

국내의 경우에 적용하면, 항구 지역 중 얼리어댑터 고객군의 네트워크가 강한 곳에서 유행이 시작되어 서울로 올라온 뒤(1단계), 서울에서 전국으로 확장(2단계)된다.

예를 들면 노스페이스(The North Face)의 패딩 점퍼는 유행 초기 부산에서 폭력조직 또는 유흥주점 종사자들이 겨울에 착용하기 시작했다. 그러다가 이들의 폭력성을 동경하는 일대의 젊은 불량 청소

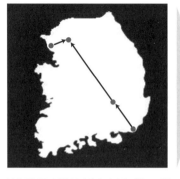

1단계 **트렌드 창출 단계**

부산 광복동, 인천 부평에서 시작해 서울로 진입

캐즘
돌파

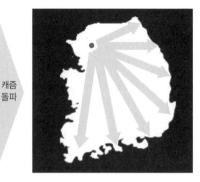

2단계 **전국 확산 단계**

캐즘을 넘은 브랜드의 전국적인 급격한 확장

년들이 따라서 착용했으며, 곧 전교생 사이에 붐을 일으켰다. 이후 부산 전역에서 크게 유행한 뒤, 대구를 거쳐 서울로 올라와 공전의 히트를 기록했다. 현재는 다시 지방으로 유행이 퍼졌고, 결국 나이 많은 고객에게까지 전파되었다.

사치재의 경우는 조금 다른데, 유행 초기에 사치품을 받아들이는 곳은 경제력 상위 3퍼센트에 속하는 인구 밀집 거주 지역이다. 오랜 기간 도입 단계를 거치면서 지역 고객 위주로 판매되다가 점차 이를 동경하는 고객군이 반응하고, 그다음으로 경제력이 있는 거주지로 전파된다. 그 이후엔 큰 이슈가 생기고 모조품이 생겨나면서 전국적인 유행으로 발전한다.

이는 스포츠용품 전문 회사 미즈노(Misuno)의 브라질 마케팅 사례에서도 볼 수 있다. 2011년 브라질에서 '프로페시'라는 이름의 999헤알짜리 러닝화가 출시되었다. 브라질 경제 수준을 고려하면 거의

100만 원에 해당하는 금액이다.

브라질에서는 패션을 매우 중시하며 유행 전파가 한국과 유사하게 진행된다. 출시 초기에는 수도인 브라질리아에 거주하는 경제력 있는 극소수의 고객만이 구매했다. 입소문을 탄 프로페시(Prophecy)는 점차 부의 상징으로 자리 잡았으며, 일반 서민들에게는 동경의 대상이 되었다. 이후 30개월 할부 프로모션이 진행되자 열광적인 반응을 이끌어내며 전 브라질리아에서 유행하게 되었다. 프로페시의 유행은 그다음 부유한 도시인 상파울루로 전해졌고, 이후 리우데자네이루 등 브라질 전역으로 확대되었다.

앞서 언급했듯이, 데이터 분석 이전에 먼저 이루어져야 하는 것은 고객 행동과 유행 전파 원리를 이해하는 것이다. 그런 다음 목적을 명확히 하고 데이터 분석을 수행하면 적은 노력으로도 대단히 큰 성과를 낼 수 있다.

필자는 이러한 유행 전파 원리를 활용해 전국 각지에 오프라인 매장을 보유하고 있던 한 패션 유통사의 컨설팅을 진행했는데, 그 과정은 아래와 같다.

(1) 과거 상품 판매 데이터를 이용해 각 지점의 유행 전파 순서를 파악했다. 매월 유행 전파 순서 지수를 만들어 지점들을 비교했다.

(2) 유행 초기에는 지방(부산, 인천 등)에 플래그십 스토어(Flagship store, 최신 제품 체험 판매장)을 설치하고, 유행 전파 순서가 앞선

지점들을 모니터링해 유행 아이템이 얼마나 인기를 얻어 전파되고 있는지 매일 체크했다. 주로 유행 초기 지역(부산 광복동, 인천 부평)과 전파 지역(부산 서면, 대구 동성로, 경기 부천)의 디자인 및 브랜드 수요를 조사해 유행하는 제품을 센싱했다.

(3) 큰 유행이 감지되는 아이템이 발견되면 재고를 확보함과 동시에 전국적인 유행을 일으키는 마케팅을 집중적으로 수행했다.

(4) 이 모든 것을 시스템과 연동해 물류 및 마케팅 관리에 자동으로 반영되도록 했다. 이로써 재고 관리 비용 절감, 판매량 증대, 유행 아이템 타깃 마케팅 등 경쟁력 강화에 성공했다.

주가 등락 예측

2011년 초 영국의 더웬트 캐피털(Derwent Capital)은 트위터 분석 기반 알고리즘 매매를 통해 수익을 냈다. 수백만 건의 트윗 중 주식시장과 관련 있는 10퍼센트 정도를 분석해 투자자의 투자 심리를 파악했다. S&P500 지수가 2.2퍼센트 하락한 2011년 7월 일반 헤지펀드 운용 수익률은 0.76퍼센트에 그쳤지만 더웬트는 1.86퍼센트를 기록하며 성과를 입증했다. 기본 데이터에 비정형 SNS 데이터를 결합해 수익을 창출한 하나의 사례이다.

　이처럼 데이터 분석을 이용한 주가 예측을 통해 투자 수익을 올리는 사례가 늘고 있다. 일본의 가부닷컴증권(kabu.com)은 고객들에게 데이터 분석 주가 예측 모델 서비스를 제공하며, 미국의 경우에는 주로 헤지펀드 위주로 알고리즘 매매와 트위터를 결합한 주가 예측 모델을 개발해 높은 수익률을 거두고 있다. 한국거래소 IT 서비스 기업인 코스콤(Koscom)도 빅데이터를 통한 주가 예측 시스템을 개발했다. 빅데이터를 이용한 스마트폰 투자 앱도 우후죽순 생겨나고 있다.

　현재 뉴욕증권거래소(NYSE) 거래의 75퍼센트 이상이 로봇에 의해 거래되고 있다. 단순한 거래뿐만 아니라 금융 투자 시장은 점차 사람 주도형 투자에서 컴퓨터 주도형 투자로 거대한 변화가 일어나고 있다. 앞으로 금융 시장은 사람들의 전쟁터가 아니라 기계들, 알고리즘끼리의 전쟁터가 될 것이다.

　이러한 알고리즘 트레이딩의 거대 흐름에 맞춰 예스트레이더(YT), 사이보스트레이더(CT) 등 뛰어난 프로그램 언어가 시장에 쏟아지고 있다. 이러한 프로그램으로 매매 규칙을 정해 트레이딩 시스템을 만들 수 있는데, 현재 정보를 기반으로 구현할 수 있는 기술적인 요소는 거의 무한대에 가깝다. '비가 오면 주식을 매수하라'거나 '미국 시장이 5퍼센트 이상 하락하면 시가에 매도한다' 등 다양한 알고리즘 프로그래밍이 가능하다. 이러한 결과 알고리즘에 의해 자동으로 실시간 매매를 수행할 수 있다.

또한 알고리즘이 완성되면 과거 10년 이상의 시장 데이터로 모델을 직접 검증해볼 수 있다. 머신러닝 기법을 이용해 스스로 학습하여 향후 데이터 변화에 대응하는 알고리즘도 구현할 수 있다. 이처럼 '데이터 분석을 이용한 금융 투자'의 모든 기술적 인프라가 갖추어져 있다. 하지만 인프라가 아무리 뛰어나도 투자 계획을 세우고 설계하는 것은 결국 사람의 몫이다.

데이터에도 경중이 있다

런던에 위치한 데이터 분석 기업인 윈턴(Winton)에서는 커피의 매매 시기와 가격을 데이터 분석으로 결정한다. 단순히 '커피 가격의 선행지표'가 아닌, '커피 가격에 변동을 주는 유형과 시나리오'를 명확히 이해하고 각 요소들을 이용해 예측한다. 컴퓨터 프로그램을 이용해 데이터베이스에서 커피 값의 등락과 관련된 요소를 찾는다. 커피 수확량, 커피 생산국 경제의 강점과 상황, 통화, 커피 수요 등을 파악한다. 이를 이용해, 커피의 수요와 공급이 변동하는 상황 유형을 가설적으로 예측하고 검증한다. 이때 나오는 유형들에 따라, 유형별로 가격에 영향을 주는 주요 요소를 찾고, 그것의 변화에 따라 가격을 예측하는 알고리즘을 개발했다.

수요-공급 시나리오별로 작지만 중요한 신호가 있다. 이러한 신호를 근거로 한발 앞서 가격을 예측하는 것이 중요하다. 데이터에도 경중이 있다. 유형에 따른 시나리오 플랜으로 가중치를 적절히 설정하는 것이 필요하다.

기업과 산업에서 미래에 매출을 올리고 수익을 내며 주가를 변동시키는 방법은 여러 가지 시나리오가 있다. 특정 시장에서의 수요가 증대되거나, 경쟁자가 철수하거나, 정치적 이슈가 되거나 하는 시나리오이다. 각 시나리오는 합리적 요소(정보 불균형, 경쟁, 시스템 리스크 등)와 비합리적 요소(정치, 세력, 심리 등)의 성격이 있다. 각각의 시나리오 유형에 따라 주요 포인트를 빅데이터로 감지해 기업의 매출까지 연결되는 로직을 구성해야 한다. 데이터를 모으고, 프로그램을 개발하는 등 기술적인 부분은 아웃소싱하면 되므로 크게 문제 되지 않는다. 중요한 것은 행동 원리를 기반으로 한 직관적 프레임의 설계이다.

대부분의 투자회사에서는 재무 정보나 뉴스 등 주가 선행지표에 SNS 비정형 정보를 더해 주가를 예측하는 방법을 사용한다. 물론 조금은 좋아질 수 있지만 금방 경쟁이 치열해진다. 사람의 행동 원리를 기반으로 가설을 수립하고, 프로그래밍하는 것이 예측 경쟁력이 가장 높다. 사람의 행동 원리가 들어가지 않은 재무 및 산업지표들을 이용하면 내시 균형(Nash Equilibrium, 서로의 정보가 공개되었을 때, 그 결과가 균형을 이루는 상황)에 의해 금방 레드오션(경쟁 시장)으로 변하기 마련이다. 먼저 주가에 영향을 미치는 유형들을 사람의 행동 원리로 이해하여 주요 움직임(데이터)을 도출한다. 이를 모니터링하며 주가의 상승과 하락을 예측하는 알고리즘을 만들고 이를 꾸준히 개선하는 것을 자동화한다. 이 방법이 현재 가장 효과적이라 할 수 있으며, 오랫동안 블루오션(무경쟁 시장)으로 남아 있을 가능성이 상대적으로 높다. 그 이유는 기술이 아닌, 인간의 '생각하는 힘'이 가장 많이 들어가기 때문이다.

❝ Case Study 2 ❞

무빙 아날로지를 이용한 미국 박스오피스 예측

미국의 한 박스오피스 데이터 분석 기업에서 필자에게 자문을 구한 적이 있다. 이 기업은 미국 박스오피스의 매출을 분석 및 트래킹하고 고객사에 예상 매출을 제공하는 회사였다. 과거 영화의 흥행에 미쳤던 요소들을 수집하고 통계적으로 적용함으로써 박스오피스의 매출을 예측하고, 그 데이터를 영화관 및 배급사에서 활용하도록 제공하는 것이다. 이들의 방식을 좀 더 구체적으로 설명하면, 빅데이터를 이용해 회귀분석 예측 방식에 최대한 많은 속성을 집어넣고, 정성적인 분석으로 추가 가공해 결과를 추출하는 것이었다.

이러한 예측은 비교적 정확하지만 한계가 있었다. 바로 속성들의 상관관계에 따라 오류가 발생하는 것이다. 이를 해결하기 위해 필자는 먼저 영화 관람객에게 영향을 미치는 요소(driver)들을 도출했다. 주로 영화관의 개수, 장르, 감독의 평균 매출, 주연배우의 평균 매출, 계절, 이벤트, 경쟁 강도 등이 도출되었다. 이 요소들은 서로 연관관계가 다소 존재해 통계적 회귀분석 시 오류를 피할 수 없다. 가장 좋은 방법은 연관관계가 없는 독립적 요소들만 사용하는 것인데, 그런 요소만 선별하기는 어렵다.

따라서 필자는 일반적인 회귀분석 예측 모델을 버리고 그룹 단위로 확률을 예측하는 무빙 아날로지(Moving Analogy)를 적용했다.

원인 유형 그룹 짓기

먼저 배급사 관점의 박스오피스 예측 기본 정보로 그룹을 지었다. 이때 그룹을 짓는 요소는 간결하고 한정적이어야 한다. 일단 가장 큰 영향력을 갖는 조건들(영화관 수, 감독과 주연배우의 매출, 일시)로 구간을 정해 20여 가지의 특징적 그룹으로 나누었다.

그다음엔 고객 관점에서 관람 행동과 인지 방법에 따라 그룹을 지었다. 즉 고객 성향과 영화 관람 상황에 따라 연인과 함께 무난한 액션이나 멜로를 보는 경우, 가족과 휴먼 드라마를 보는 경우, 혼자서 컬트 무비를 보는 경우 등의 그룹을 지었다. 또 영화를 인지하는 방법에 따라 휴가철을 노린 블록버스터, 호러, 훈훈한 가족 영화 등 영화 자체로 포지셔닝을 정했다.

그런 다음에는 기본 정보 그룹, 고객의 유형, 영화의 포지셔닝으로 해당 영화를 구분해 그룹을 나누었다. 예를 들어 개봉하는 영화가 300~400개의 상영관에서 개봉되고, 감독과 주연배우의 평균 매출이 10억~20억 달러이며, 11월에 개봉하는데, 연인들을 위한 주말 시간 보내기용 멜로인 경우 '그룹 1'로 정했다. 이런 식으로 구분한 그룹이 100여 가지나 되었다.

무빙 아날로지

(1) **과거 기간 영화 그룹 짓기**   예를 들어 2015년 11월 개봉 영화의 흥행
을 예측한다면, 3개월 전인 2015년 8월 이전까지 1년 사이에 개봉했
던(그리고 상영을 마쳤던) 영화를 위의 방법으로 그룹 짓기한다.

(2) **과거 기간 그룹 결과 도출**   각 그룹(현재 기간 영화와 유사한 조건의 개봉
영화들)의 흥행 성적을 추출해 '그룹별 평균 흥행 성적'을 도출한다.

(3) **현재 기간 영화 그룹 짓기**   2015년 11월 개봉 영화를 그룹 짓기한다.

(4) **예측**   '그룹별 평균 흥행 성적'을 기초로 11월 각 그룹의 흥행 성적을
예측한다.

이것이 상관관계로 인한 문제를 해결하는 가장 정확한 예측 방법인 그룹
짓기(Grouping) 기법이다. 이는 고객의 행동 유형을 명확히 그룹 지어 실제
최근 결과를 사용하기 때문에 매출, 인원, 지속 기간까지 정확하게 알 수
있다.

통계적 예측은 단순한 더미 회귀분석을 통해서도 할 수 있으나, 충분히 독
립화하기 어려운 속성(작품 매출, 영화관 수, 배우 매출 등)이 섞여 있을 경우에
는 정확도가 떨어진다. 따라서 이런 경우 최대한 정밀하게 그룹을 짓고, 유
사한 작품들이 바로 이전에 유사한 조건에서 얼마나 흥행했는지 분석해보는
무빙 아날로지 기법이 도움이 된다.

영원한 고객은 없다

CRM의 역습이 시작된다

'CRM의 역습'이란 CRM(고객 관계 관리)으로 효과를 본 기업들이 CRM에 의존하다가 기업이 노후화되고 정체에 빠지는 현상을 말한다. 이는 특히 CRM을 공격적으로 도입한 백화점 산업에서 눈에 띄게 나타난다. 2000년대 이후 온라인 전자상거래와 아울렛의 성장과 대조적으로 전통적인 백화점 산업은 뚜렷한 하락세를 보였다. 그 이유 중 하나는 대형 백화점들이 CRM의 환상에 사로잡혀 충성 고객 유지에서 더 나아가지 못하고 신규 고객 발굴을 등한시했기 때문이다.

CRM은 기본적으로 매출 기여도가 높은 고객을 우대하는 마케팅 기법이다. 최상위 고객에게 최고의 대접을 해줌으로써 매출 신장을 의도하는 것이다. 이로 인해 2000년대로 넘어오면서 백화점들은 기존의 강력한 매스 마케팅 수단이었던 전단이나 신문광고를 대폭 축소하고, 대신 우수 고객을 대상으로 하는 쿠폰 발행, 초청 행사, 패밀리 세일 등의 타깃 프로모션을 진행했다. 당시 이러한 추세는 마케팅 비용 절감과 효과 극대화를 위해 바람직한 것이었다.

그러나 한 가지, 새로운 고객 창출을 간과했다. CRM은 기본적으로 신규 고객이나 저수익 고객을 배제한다. 마케팅 대상이 되고 VIP 대접을 받기 위해서는 일단 높은 등급이 되어야 하며, 그 전까지는 아무런 혜택도 받지 못한다.

백화점 입장에서는 지금 당장 불확실한 신규 고객에게 대응하는 것보다 우수 고객을 대상으로 마케팅하는 것이 효과가 높다. 그러나 시간이 흐름에 따라 젊은 고객은 우수 고객 등급으로 올라가기 전에 이미 다른 채널로 빠져

나간다. 현재 젊은 고객들은 백화점에서 글로벌 SPA로 상당수 옮겨갔다. 결과적으로 CRM 시행 후 10여 년이 지난 지금, 백화점은 고객과 함께 늙어가고 있다. 잠재력 있는 젊은 고객에 소홀하고 기존 고객에만 집착한 대가를 치르고 있는 것이다.

브랜드 관리

한때 부의 상징으로 여겨질 만큼 명품 가방 순위에서 부동의 1위를 고수하던 루이비통이 최근 끝 모를 매출 하락을 겪고 있다. 2014년 세관 신고 기준으로 샤넬, 프라다에 밀려 3위를 기록했는데, 그 이유는 무엇일까? 그것은 브랜드 관리에 소홀했기 때문이다.

초기에는 국내에서 일부 부유층에만 알려져 있던 루이비통이 뛰어난 품질과 디자인으로 명품 이미지와 고객층을 잘 유지하고 있었다. 그러나 제품 중에서 중저가형 가방이 특히 유행하면서 여성들이 너도나도 구매하기 시작했다. 본의든 본의가 아니든 '대중적인 브랜드'로 너무 빨리 내려온 탓에 우스갯소리로 '3초 백'이라는 타이틀이 붙을 정도였다. 이는 명품 또는 고급 이미지와 배치되는 현상이다.

이와 대조적으로 P&G는 2014년에 마케팅 포지션을 대대적으로 축소하는 대신 '브랜드 관리'에 집중하기로 결정했다. 브랜드란 무엇인가? '제품이 고객에게 전달하는 가치'에 대한 이미지이다. 이제 '판매'만을 위한 마케팅은 버려야 한다. 중장기적 관점에서 시장과 고객, 브랜드를 아울러 보는 시각을 갖춰야 한다. 기업은 인간에 대한 이해를 바탕으로 고객에게 진정한 가치를 주는 것에 최선을 다해야 한다. 특정 고객에게서 눈을 떼고 브랜드의 가치 지향점을 바라보라. 언제나 '젊은 고객이 쓰는' 브랜드는 없지만 언제나 '젊음을 나타내는' 브랜드는 존재한다.

고객 자체에 집착하지 마라

고객의 행동 원리를 이해하는 일은 무엇보다 중요하다. 하지만 고객 자체에 집착하는 것은 기업의 본질이 아니다. 기업의 규모가 커질수록 기존의 고객을 놓지 못해 중요한 성장 동력을 잃는 경우가 비일비재하다. 한 번 얼리어댑터가 영원한 얼리어댑터는 아니다.

미래 지향적인 빅데이터 활용이란 끊임없이 변화하며 모델을 개선하고 데이터를 가치에 기반해 활용하는 것이다. 데이터 분석의 궁극적인 목적은 고객에게 가치를 전달하는 것이다. 단기 성과에 치중해 고객 자체에 얽매이는 것을 경계해야 한다. '고객을 아는 데' 집중하고 '미래 활용을 지향하는 것'이 빅데이터로 꾸준히 가치를 내는 방법이다.

5부

빅데이터, 결국은 성과다

데이터는 전략이다

빅데이터도 시어스 홀딩스를 살릴 수 없다

시어스 홀딩스(Sears Holdings)는 19세기 말 미국에서 설립되었으며 시어스 백화점, K마트(K-mart) 등을 운영하고 있는 세계적인 유통 기업이다. 한때 미국 전역을 휩쓴 유통 회사였지만, 현재는 월마트, 타깃 등의 경쟁사에 밀리고 아마존 같은 온라인 유통 회사의 위협을 받고 있다. 이는 매출 추이에서도 나타나는데, 시어스 홀딩스의 매출은 2008년 500억 달러에서 2011년 420억 달러로 감소한 반면, 아마존은 같은 기간 190억 달러에서 480억 달러로 급성장했다.

이와 같은 경쟁 속에서 새로운 돌파구를 찾던 시어스는 2012년, 고객 로열티 프로그램인 '숍 유어 웨이(Shop Your Way)' 멤버십 프로그램을 시작했다. 목적은 이 프로그램을 통해 데이터를 축적하고 고객별 개인화된 마케팅을 통해 충성 우량 고객을 늘리는 것이었다. 온라인 경쟁사인 아마존과 오프라인 선진 기업인 테스코 등의 데이터 분석 기술을 자사의 로열티 프로그램에 적용해 경쟁력을 갖춰 반전을 꾀하고자 했다.

당시 시어스의 CTO인 필 셸리(Phil Shelley)와 시스템 구축 팀은 빅데이터 처리 분야에서 최고 수준의 경험과 지식을 보유하고 있었다. 이들은 하둡(Hadoop) 플랫폼을 적용해 시스템을 구축했는데, 시어스가 구축했던 하둡 기반 빅데이터 처리 시스템은 당시 IT업계에서 초미의 관심을 끌었으며, 매우 성공적으로 운영되었다.

먼저, 2년 동안 고객 전체의 빅데이터 보관이 가능한 기본 저장공간을 확보했으며, 자동화 처리 성능은 기존보다 20~100배 향상되었고, 데이터베이스 추출-변환-적재 과정은 10시간에서 17분으로 대폭 줄었다. IT 담당자의 도움 없이도 현업에서 직접 리포트를 제작할 수 있도록 사용자 편의성도 개선했다.

과연 시어스는 반전에 성공했을까? 시어스는 많은 사람의 관심 대상이 되었다. 시어스의 '숍 유어 웨이' 프로그램은 매출의 72퍼센트를 로열티 멤버십 고객에게서 기록하는 등 외형적으로 성공한 것처럼 보였다.

그러나 이는 그저 기존 고객의 멤버십 변환 효과에 불과했다. 더구나 고객에게 이중으로 혜택이 지급되는 바람에 비용은 가중되고 매장의 수익은 줄어들었다. 경쟁사 멤버십 프로그램과 큰 차별성을 찾지 못한 고객은 여전히 시어스를 외면했으며, 매출이나 수익 측면에서도 뚜렷한 성과가 나타나지 않았다. 결국 2014년에 시어스는 200개 넘는 매장을 폐쇄했고, 연 10억 달러 이상의 손해를 기록했으며, 주가는 1년 사이 30퍼센트 가까이 떨어졌다.

무엇이 문제였을까? 아직 데이터 분석 효과가 나타날 시점이 아니었던 것일까?

IT와 현업의 분리

시어스는 시스템 구축에는 성공했으나 고객의 가치 창출에는 실패했다. 시어스의 데이터 분석 접근 방식으로는 한계가 드러날 수밖에 없었다. 왜냐하면 애당초 '데이터'에서 출발했기 때문이다. '고객'에서 출발하지 않은 빅데이터 시스템은 고객과 현업의 가치를 창출하기가 매우 어렵다. 시어스의 경우, 시스템 성능에 비해 활용 기술이 상대적으로 낮아 성과로 연결되지 않았다. 최신 기술을 갖춘 빅데이터 시스템은 단순히 고객의 구매 정보를 기록하는 데 그쳤다. 무수한 데이터와 다양한 통계가 쌓이고 있었지만, 활용은 기존의 단순한 분석에서 크게 벗어나지 않았던 것이다.

또한 시어스의 시스템은 웹 환경에는 적합하지만 오프라인에서 활용하기에는 더 불편할 수 있었다. 하둡의 분산 파일 시스템은 대용량의 비정형 웹 데이터를 처리하는 데 적합하다. 그러나 오프라인 중심의 시어스는 정형화된 데이터베이스를 보유하고 있었으며, 분산 처리를 할 정도로 데이터 특성이 광범위하지 않다. 데이터를 가치로 연결시키려는 목적에 비해 시스템이 과도하게 기술 지향적이라고 할 수 있다.

결론적으로 말하면, IT 측면의 편의성이 약간 개선되었을 뿐이다. 빅데이터 실패의 본질적 원인은 '시스템의 방향'과 '마케팅 활용' 간의 괴리였다.

이러한 현상이 발생하는 이유는 무엇일까? 왜 기업에서는 빅데이터 활용을 데이터에서 출발하려 할까? 가장 중요한 이유는 IT와 마케팅이 분리되어 초기에 정확한 문제(목적) 정의가 이루어지지 않기 때문이다. 시어스는 최근 떠오르고 있는 빅데이터 분석과 이에 적합한 하둡 플랫폼을 이용해 경쟁력을 확보하려는 막연한 '수단 중심' 생각에서 출발했다. 이러한 전략은 실제 활용이 진행되면서 점점 길을 잃어갔다. 데이터를 분석하면 길이 보일 것으로 예상했으나, 모호한 아이디어만 난무할 뿐 구체적인 활용 방향이 보이지 않았던 것이다. 방향을 정하지도 않고 산에 올라갔다가 그 안에서 길을 잃은 격이다.

빅데이터 전문 컨설팅을 하고 솔루션을 판매하는 기업은 대부분 실제로는 비즈니스 문제를 한 번도 해결해본 적이 없다. 이런 기업은 판매하는 것이 목표이다. 이들은 주로 제품의 높은 데이터 처리 성능과 화려한 비주얼 툴 등을 내세운다. 그런 다음 빅데이터 솔루션이 비즈니스에 큰 효과가 있는 것처럼 포장하고, 최첨단 통계적 기법과 복잡한 알고리즘, 정형화된 리포트 등을 강조하며 고객사의 본질적 문제를 잠시 잊게 만든다. 데이터 분석의 핵심을 모르는 고객사는 전문적인 설명에 왠지 주눅이 들어 시스템을 하루빨리 도입해야겠다는 조바심을 갖게 된다. 빅데이터 솔루션 기업은 고객사의 비즈니스 문제를 집어넣기만 하면 답이 저절로 나오는 마법 상자로 자사 제품을 둔갑시킨다.

그러나 결국 문제를 해결하는 주체는 고객사이다. 빅데이터 솔루션 기업의 접근은 "고급 악기만 들면 다 세계적 연주가이다"라고 말하는 것과 같다. 진정한 연주(문제 해결)는 고객사가 알아서 하도록 미뤄둔 채 말이다.

'전략'이라는 나침반

시어스의 최초 목적은 시어스의 강점을 레버리지해 경쟁력을 갖추고, 소비자의 떠오르는 니즈를 해결하며 성장하는 것이었다. 그리고 시어스의 강점은 전통적 공급자 관리와 뛰어난 물류 시스템, 지역 기반 고객의 높은 인지도(브랜드 파워)였다.

현대에는 소비자의 경제 활동 영역이 넓어지고 정보 전달이 빨라져, 오프라인 소매 유통 시장은 저가 창고형 매장, 친환경 식품, 홈 데코 등 '오프라인에서 해결할 수밖에 없는 제품'을 취급하며 전문성을 갖춘' 기업만이 살아남는다. 따라서 오프라인 중심 회사인 시어스는 성장 시장으로의 진입을 위해 타깃 고객을 정하고 매장을 개선하는 전략을 우선 수립할 필요가 있었다.

예를 들어 시어스의 강점인 공급과 물류를 앞세워 현재 고객을 충성 고객화하여 캐시카우를 확보하고, 생산 과정을 단순화한 '트렌드 민감형 독립 브랜드 백화점'을 구축하거나 '소품종 대량생산의 합리형 마트'로 단계적으로 변화시키는 것이다. 이러한 전략 방향만 수립하더라도 단순히 현재 고객에게 '숍 유어 웨이' 로열티 프로그램을 적용한다고 해결되는 것이 아님을 알 수 있다.

만약 시어스가 위와 같은 전략을 세웠다면 그에 따른 가설적 실행 계획은 현재 충성 고객 수익화, 성장 타깃 고객 선정 및 매장 구성, 소품종 대량생산을 위한 수직 계열화, 진입 상권 전략으로 구성할 수 있을 것이다.

데이터 분석으로 이 세부 방안을 실행할 수 있을까? 답은 그렇기도 하고 아니기도 하다. 데이터 분석을 어떻게 활용할 수 있을지 실행 계획을 하나씩 살펴보며 확인해보자.

(1) **현재 충성 고객 수익화** 내부 데이터를 가공해 CRM을 구축해 고객 유형을 파악한다. 캐시카우가 될 고객을 찾아 수익성 높은 제품과 가격을 정해 주기적으로 프로모션하는 한편 충성도 관리 체계를 갖춘다.

(2) **성장 타깃 고객 선정 및 매장 구성** 고객 데이터베이스에서 성장 시장에 적합한 얼리어댑터 고객군을 추출하고 별도의 고객 인터뷰 및 리서치를 수행해 전문 매장 구성을 준비한다. 예를 들어 '소품종 대량생산' 매장의 경우 구매 데이터베이스에서 가격에 민감한 품목을 선정하고, 고객 데이터베이스에서 할인 민감형 고객을 찾아내 매출 시나리오를 기반으로 재

무적 수익성을 판단한다.

(3) 소품종 대량생산을 위한 수직 계열화　예측 분석으로 기본 판매
량을 예측한다. 그런 다음 직접 생산자를 만나 가능성을 구체
적으로 논의한다.

(4) 진입 상권 전략　고객 군집화를 하고, 시어스 매장 상권 데이
터베이스를 통해 고객 분포를 파악한 뒤 수익성을 판단해 진
입 여부를 결정한다. 진입할 경우 군집 상품군과 유행 상품
예측을 통해 상품의 구색을 갖춘다.

이 방안에 따르면 먼저 고객의 거래 정보, 인구 통계 정보, 상품
정보, 매장 정보를 수집해야 한다. 그다음 단계는 목적에 맞게 정보
를 가공하는 것이다. 예를 들어 "친환경 매장에 1차적으로 집중할
타깃 고객의 구매 행태 및 제품은 무엇일까?"에 대한 답을 찾고자
한다면 거래 정보와 인구 통계 정보를 SQL(데이터베이스용 질의 언어)
로 추출해 가공한다. 전략과 세부 방안이 먼저 수립되면 대규모 분
석 서버나 다양한 통계 툴이 필요하지 않을 때가 많다.

바다를 끓이지 마라

많은 기업에서 막연히 데이터를 통합하고 시스템을 구축해 활용하
려고 하는데, 이는 '바다를 끓이는' 행위나 다름없다. 이를 막기 위
해서는 과거의 '소프트웨어 위기' 경험에서 교훈을 얻어야 한다. 컴
퓨터 하드웨어의 용량과 복잡성이 급격히 증가한 데 비해 소프트웨

어의 발전은 정체 현상을 보인다. 하드웨어는 개발하면 할수록 성능이 높아지고 가치를 쌓아나갈 수 있지만, 소프트웨어는 다르다. 시스템 성능과 별개로, 활용 측면에서 '가치를 내는 방향으로' 프로그램을 개발해야 하기 때문이다.

마찬가지로 빅데이터 역시 '가치를 내기 위한' 목적으로 다뤄야 하며, 따라서 언제나 전략에 종속되어 사용되어야 한다. 기업의 '문제'에서 출발해 데이터로 끝나야 한다. '데이터를 얼마나 효과적으로 활용할 수 있는가'는 전적으로 문제를 해결하는 당사자에게 달려 있다. 전략에 필요한 데이터만 능동적으로 찾아 가공해서 사용하는 것, 이것이 빅데이터의 성패를 좌우한다.

이러한 까닭에 현대 사회에서는 전략 기획 조직과 데이터 분석 조직 간에 긴밀한 의사소통이 절대적이며, 두 영역을 넘나드는 전문가가 필요하다. 데이터 전문가는 기업의 전략에 맞게 데이터를 적절히 처리하고 중요한 정보를 전달하는 능력을 갖춰야 한다. 그러나 이러한 데이터 전문가는 현재 매우 적은 수만이 활동하고 있어, 빅데이터 분야 성장에 병목 현상이 나타나고 있는 실정이다.

아마존으로 보는 온라인 커머스 데이터 전략

아마존은 1994년 7월에 설립되어 인터넷 서점 서비스를 시작했다. 서비스 개시 1년 동안 월평균 34퍼센트의 매출 신장률을 보이면서 세계적으로 인터넷 서점 돌풍을 일으켰으며, 1999년에는 회원 수 1,000만 명이라는 경이적인 기록을 달성했다. 초창기에는 도서 구매 고객에만 집중해 이들을 충성 고객으로 만들기 위해 전력을 다했다. 그 후 전자책 단말기인 킨들(Kindle)을 저가로 공급해 꾸준히 아마존 이북(e-book)을 구매하도록 유도했고, 엔터테인먼트와 콘텐츠 서비스를 제공하며 고객 트래픽을 늘려나갔다. 도서 구매 고객은 결국 아마존의 충성 고객이 되었으며, 구매 영역 또한 점차 확대되어 아마존 성장의 든든한 기반이 되었다.

아마존의 사례에서 볼 수 있듯이, 온라인 쇼핑몰의 1차적인 성공 요소는 '타깃 고객'을 명확히 하고 그들에게 집중하는 것이다. 온라인 쇼핑몰 시장은 성숙기에 접어들면서 경쟁이 과열되고 있다. 최대한 많은 온라인 고객에게 최대한 많이 팔겠다는 무작정 전략은 수익성 악화를 초래해 실패하기 쉽다. 그 이유는 온라인 시장은 승자의 저주(Winner's Curse, 경쟁에서는 이겼지만 승리를 위해 과도한 비용을 치름으로써 오히려 위험에 빠지거나 후유증을 겪는 상황)가 빈번히 발생하기 때문이다.

많은 온라인 쇼핑몰 고객이 온라인 전체를 하나의 거대한 쇼핑몰로 생각한다. 따라서 개개의 웹사이트에 대한 충성도가 그리 높지 않다. 온라인이라는 특수한 환경에서는 클릭 한 번으로 다른 쇼핑몰로 쉽게 이동할 수 있으므로 필요한 상품만 구매하고 떠나가는 체리피커 고객이 많기 때문이다.

오프라인에서는 고객 신뢰가 천천히 쌓이면서 충성화되는 데 시간이 걸리지만, 그만큼 오랫동안 타사 제품 또는 서비스로 바꾸지 않는다. 그러나 온라인에서는 고객을 쉽게 유입할 수 있는 반면, 깊은 신뢰를 얻기 어렵다. 가격 경쟁이나 프로모션으로 힘들게 고객을 유입했더라도 수익성이 보장되지 않아 '남 좋은 일'만 하는 경우가 허다하다.

따라서 '고객 충성화'는 온라인 쇼핑몰의 최대 과제이다. 이를 위해서는 타깃 고객군에게 자원을 집중해 충성화시키고, 트래픽을 확보해야 한다. 그런 다음 수익을 내는 캐시카우 고객으로 성장시켜야 한다.

'고객 충성화' 과정의 첫 번째 단계는 당사의 핵심 역량을 파악하고 타깃 고객과 주력 서비스를 정하는 것이다. 그다음 단계는 타깃 고객에게 맞는 상품 구색을 집중적으로 갖추고 타깃 프로모션을 하는 것이다. 이 과정을 통해 고객의 구매 만족 경험이 쌓이면 점차 충성 고객이 되어 주기적으로 방문하기 시작한다.

아마존은 당시 온라인 쇼핑의 얼리어댑터인 도서 구매 고객들을 타깃으로 삼았다. 이 고객들은 중요한 수익 원천이 될 뿐만 아니라 일반 고객을 끌어오는 선구자 역할도 했다. 중국의 온라인 쇼핑몰인 알리바바(alibaba.com)의 경우, 당시 불신이 높던 전자상거래 시장에서 B2B를 중심으로 안전한 거래를 추구하는 경제력 있는 고객을 타깃으로 하여 해외 상품 위주로 시작했다. 온라인 명품 쇼핑몰 길트(Gilt)의 경우, 트렌디한 여성 의류 고객에 집중해 유행 대중을 끌어들였다. 대부분의 선진 기업들은 이와 같이 충성 타깃 고객을 먼저 확보하고, 그것을 기반으로 연관성이 가장 높은 상품과 고객층으로 확장했다.

빅데이터 다이내믹스: 온라인 쇼핑몰 "모든 고객은 VIP이다"

아마존은 1억 명의 고객 개개인에게 제공할 (1억 개의) 맞춤형 쇼핑몰을 구현하겠다고 선언했다. 이는 데이터 분석을 통해 고객 개개인에게 최적화된 쇼핑 공간을 제공하겠다는 것인데, 과연 이것이 가능할까? 결론부터 얘기하면, 온라인 환경에서는 충분히 가능하며, 이는 모든 전자상거래 기업들의 미래 방향이기도 하다.

전통적 CRM의 한계

일반적으로 CRM은 고객의 매장 방문 및 구매 이력, 그리고 고객 개인 정보 데이터를 분석한 결과를 토대로 '매장 밖'에서 이메일, SMS, 전단 발송 등의 마케팅을 펼친다. 그러나 정작 중요한 것은 고객이 매장을 방문했을 때 고객의 성향과 의도를 파악해 구매로 연결시키고 충성 고객으로 발전시키는 '매장 안'에서의 영업 활동이다. 아쉽게도 과거 오프라인 데이터 분석 마케팅은 이 문제를 해결할 수 없었다. 왜냐하면 매장에서의 고객 응대를 프로그램화할 수 없었기 때문이다. 고객 유형별 응대 방식을 매뉴얼화하여 직원을 교육하기는 현실적으로 어려웠다.

온라인 쇼핑몰의 데이터 분석 활용의 묘미는 실시간으로 알고리즘에 의해 맞춤 대응을 할 수 있다는 것이다. 온라인 환경에서는 영업사원처럼 모든 고객에게 일대일로 대응이 가능하다. 지금의 분석 기술은 고객이 페이지를 읽은 시간이나 마우스가 움직인 흐름까지 체크해서 데이터로 담을 수 있다. 고객이 온라인 쇼핑몰에 들어온 시점부터 행동을 파악하고 대응하는 알고리즘을 구현한다. 이는 마치 쇼핑몰에 점원 로봇을 배치해 일을 맡기는 것과 같다.

예시: 오프라인 백화점의 고객 관리

송파구에 사는 홍수진 씨는 압구정 A 백화점 VIP 고객이다. 어느 날 그녀는 평소와 다름없이 백화점을 찾았다. 능숙하게 주차 발렛 서비스를 이용하고, 자신이 즐겨 가는 2층 여성복 코너로 올라갔다. 그리고 평소 친한 김선진 점장이 있는 패션 브랜드 매장을 방문해 이야기꽃을 피웠다.

김선진 점장은 홍수진 고객을 15년째 관리하는 베테랑이다. 그녀의 집안 대소사나 개인적 취향, 성격까지 많은 것을 알고 있다. 자연스럽게 좋아하는 의류 스타일, 색상까지 알게 되었고, 그녀가 좋아할 만한 신상품이 입고되면 안부도 물을 겸 제품 구경 오라고 먼저 전화해서 알린다. 홍수진 고객도 이런 김선진 점장이 맘에 드는지 많은 얘기를 나누며 친분을 쌓았고, 점장의 전화나 문자에도 반갑게 답한다. 그녀는 점점 김선진 점장의 VIP 고객이 되었고, 그 백화점과 브랜드의 충성 고객으로 발전했다.

일반적으로 김선진 점장은 고객을 대할 때 고객의 성향과 의도를 파악해서 응대한다. 홍수진 고객이 방문하면 점장은 인사를 나누면서 안부를 묻고 백화점을 방문하게 된 연유를 묻는다. 만약 그녀가 그저 차를 마시며 수다를 즐기러 온 것이라면, 편안한 분위기에서 이런저런 일상적인 대화를 나눈다. 그러면 고객은 간단히 옷들을 구경하다가 돌아간다.

만약 홍수진 고객이 주말에 있는 친척 결혼식 때 입을 옷을 알아보고 있다면 그에 어울리는 옷을 권해준다. 또 다가오는 조카의 생일에 아동복을 선물하고자 하면, 성향을 물어보고 알맞은 옷을 추천한다. 계절이 바뀌어 새로운 춘추 정장이 필요하다고 하면 그녀의 패션 스타일과 그녀가 보유한 옷을 고려해 매치가 잘되는 옷을 보여주고 즐겁게 상담한 후 판매한다.

위 예시는 오프라인 유통점에서 일어나는 VIP 영업 과정을 묘사한 것이다. 오프라인에서는 영업사원이 고객과 직접 대면하며 친분을 쌓고 신뢰를 형성한다. 영업사원은 자연히 고객의 취향, 선호도, 특징 등을 알게 된다. 고객과의 관계는 점점 두터워지고, 고객은 쉽게 그 매장을 떠나지 못한다.

이러한 오프라인의 영업 방식이 온라인에서도 구현될 수 있을까? 가능하다. 앞에서 언급한 것처럼 고객의 성향과 의도를 인식하고 대응하는 알고리즘을 프로그램으로 구현하면, 오프라인에서 하는 것처럼 온라인 쇼핑몰에서도 고객 개개인에게 맞춤형 VIP 영업을 할 수 있다.

온라인 쇼핑몰의 알고리즘 자동화

고객이 온라인 쇼핑몰을 방문해 행동하는 과정은 크게 여섯 단계로 나눌 수 있다. 각각의 단계에서 백화점 VIP 고객을 대하듯 맞춤 관리하는 알고리즘을 구현해 운영한다.

첫 화면 구성

일반적으로 쇼핑몰 오픈 초기에는 즐겨찾기, URL 입력, 쇼핑몰 이름 검색과 같은 직접 유입보다는 배너 광고, 포털, 가격 비교 등을 통해 유입되는 간접 유입의 비중이 높다. 그러나 충성 고객으로 성장시키려면 직접 유입을 점점 늘려야 한다. 직접 유입을 유도하는 방법의 핵심은 고객에게 '만족감'을 전달해 신뢰를 쌓는 것이다. 그러면 고객은 그 쇼핑몰을 '마음껏 둘러보며 놀 수 있는 놀이터'로 인지해 직접 방문하기 시작한다.

일반적으로 고객은 (상품 간 차이는 있지만) 평균 3.6회의 만족스러운 쇼핑 경험을 얻으면 그 쇼핑몰을 직접 방문한다. 만족스러운 경험이 축적됐다는 것은 고객에게 다음 두 가지 메시지가 전달됐다는 뜻이다. 첫 번째는 '(다른 쇼핑몰에 갈 필요 없이) 나에게 맞는 상품 구색 또는 오퍼를 잘 갖춰놓았다'이며, 두 번째는 '(언제나 들어와 놀 수 있게) 신상품 출시, 재미있는 이벤트 등이 자주 발생한다'이다. 이 두 가지가 충족되면 고객은 '직접 방문할 만하다'고 여기며 트래픽이 증가된다.

고객이 온라인 쇼핑몰을 방문할 때 응대하는 첫 화면 구성 요령은, 우선 고객에게 맞춤형 제품들을 추천한다. 백화점의 영업점장은 고객과 몇 차례 대화를 나눠보고 감각적으로 고객의 유형을 파악한다. 그리고 그 유형에 맞춰 능숙하게 응대하고 이후 조금씩 세밀하게 개인화하여 맞춰간다.

온라인도 마찬가지이다. 고객의 특징으로 유형을 유추한 다음 개인 연관 상품 및 유형별 상품 세트를 추천한다. 추천 상품이 정해졌으면 중요 포인트를 정해 전달한다. 고객 유형별로 자신의 눈에 들어오는 포인트가 정해져 있다. 고객의 관심을 끄는 요소는 브랜드, 디자인, 문구 등이다. 이것들이 눈에 띄게 화면을 구성하고, AB 테스트(랜덤으로 고객에게 A페이지와 B페이지를 선보이고 반응이 좋은 페이지를 선택)를 통해 최적화한다.

첫 화면에서는 고객에게 민감 오퍼도 함께 제시한다. 모든 고객에게 팝업창으로 할인 쿠폰을 제시하는 것은 효율적이지 않다. 온라인 영업의 열쇠는 개인별로 꼭 필요한 오퍼만 제공하는 것이다. 백화점 점원이 VIP 고객이 좋아할 만한 증정품을 준비해서 선택적으로 제공하듯이, 고객의 성향을 파악해 적립금, 타임세일 쿠폰, 증정품 등을 선별해서 제공한다. 방법은 앞서 살펴본 고객 프로파일링 결과를 토대로 고객 구매 단계의 페인 포인트를 찾아 그것을 해결하는 오퍼를 전달하는 것이다.

방문 의도 분석 및 대응

인간은 언제나 자신의 성향에 따라 기계적으로 행동하지 않는다. 상황에 따라 고객의 쇼핑몰 방문 의도가 존재한다. 고객 프로파일링을 기반으로 성향에 따라 고객을 응대하는 것은 기본이지만, 고객의 의도를 알아차리고 그에 대응하는 것은 또 다른 과제이다.

백화점의 영업점장은 VIP 고객이 매장에 오면 간단한 인사말을 나눈 뒤, 대화를 통해 그날 고객의 방문 의도를 파악한다. 그저 '윈도 쇼핑'을 하러 온 것인지, '선물용 제품'을 찾고 있는지, '본인이 입을 신상품'을 비교 중인지 알아보고, '구매 준비가 완료'된 상태인지 등을 파악한다. 그리고 그에 따라 적절히 응대한다. 이를 온라인으로 구현하면, 크게 의도 유형 정의, 의도 파악 모델링, 유형별 대응 모델링을 수행한다.

① **의도 유형 정의** 먼저 고객의 '의도 유형'을 가설적으로 정의하고 기초 조사와 인터뷰를 통해 검증한다. 고객의 의도는 윈도 쇼핑, 옵션 비교, 구매 확정, 타인 구매 등이 있다. 의도 유형은 행동 패턴이 명확히 다르고, 데이터로 읽을 수 있으며, 쇼핑몰의 대응이 유의미해야 한다. 이를 통해 설계가 가능한 수준으로 유형을 분류한다.

② **의도 파악 모델링** 각 유형별로 보이는 행동을 유추하고 데이터로 감지한다. 온라인에서는 백화점 점원처럼 고객에게 방문 의도를 직접 물어볼 수 없다. 따라서 온라인 쇼핑몰의 첫

화면에서 어떠한 행동을 취했는지(첫 클릭) 보고 한 번에 의도를 파악한다. 이를 위해 고객의 행동에서 의도를 포착할 수 있는 뚜렷한 실마리를 찾아야 한다.

예를 들어 고객이 상품을 검색할 때 '아웃도어'와 같은 상품군 키워드로 검색한다면, 이는 고객이 명확한 브랜드나 상세 기능에 대한 배경 지식이 없고 무난히 판매되는 제품을 찾으려는 의도로 파악할 수 있다. 만약 여성 고객이 '남성 재킷', '선물'과 같은 키워드로 검색한다면, 이는 배우자나 지인에게 일회성으로 선물하려는 의도로 볼 수 있다. 또 명절 기간에 식품이나 세트 상품 메뉴를 클릭한다면 명절용 대량 구매 의도로 볼 수 있으며, 여성 고객이 이벤트 배너나 신상품을 클릭한다면 윈도 쇼핑 의도로 파악할 수 있다.

이와 같이 각 의도 유형별로 감지하는 규칙을 정하고 이를 알고리즘으로 구현해 각각의 의도를 파악한다.

③ 유형별 대응 모델링   의도가 파악되면 이에 따른 실시간 대응을 한다. 만약 일회성 선물 의도가 파악되면 기존 쇼핑 패턴은 무시한다. 관심을 보이는 선물과 연관 상품들을 추천하고, 민감한 오퍼를 제공해 정보 수집을 도우며, 구매 결정을 유도한다. 만약 최근에 이사해서 집 안 용품이 필요하다는 의도가 파악되면 TV, 오디오, 식탁, 인테리어 소품 등 이사 관련 용품을 추천하고 대량 구매를 유도한다. 이러한 추천 상품 세트는 데이터 분석으로 사전에 추출해놓고 의도에 맞게 실시간

으로 대응하도록 구현한다.

정보 탐색 지원

많은 온라인 쇼핑몰 고객이 정보 탐색에 많은 시간을 소비한다. 고객은 자신이 구매하고자 하는 상품에 대한 정보 탐색을 충분히 마치고 '다 봤다'는 느낌이 들지 않으면 결코 다음 단계로 넘어가지 않는다. 따라서 이 단계의 가장 중요한 목적은 '정보 탐색을 마치고 다음 단계(구매 결정)로 넘어가도록 유도'하는 것이다.

백화점 영업점장은 일반적으로 VIP 고객을 응대할 때 고객의 스타일을 알기 때문에 고객이 좋아할 만한 제품을 몇 가지만 골라서 보여준다. 그 비결은 영업점장이 많은 VIP 고객을 상대해봤으며 고객이 주로 선호하는 상품들에 대한 학습이 되어 있기 때문이다. 영업점장의 머릿속에는 선호 상품의 전체 지도가 그려져 있다.

이를 온라인으로 구현한 것이 실시간 연관 상품 추천이다. 고객이 방문하는 페이지의 상품들과 연관되는 최적 상품을 세트로 보여주는 것이다. 연관 상품을 추천하는 이유는 고객이 그 상품 세트를 다 봐야만 다음 단계(구매 결정)로 넘어갈 수 있기 때문이다(더불어 연관되는 상품의 특징으로 맞춤형 광고를 통해 수익을 창출할 수도 있다).

또 맞춤형 오퍼로 행동 단계를 촉진시킬 수도 있다. 고객 개인별 페인 포인트를 찾아 (주로 구매 결정을 어려워하는 유형 고객에게) 정보 탐색과 구매 결정을 뛰어넘도록 하는 것이다. 백화점 영업점장이 "손님, 이 사이즈는 하나 남았습니다"라고 하는 말이나, "오늘까지만 세일합니다"라고 하는 말은 고객에게 '이 상품은 인기 상품이니 안심해라', '지금 기회를 놓치면 손해이다'라는 메시지를 전달함으로써 고객으로 하여금 정보 탐색과 구매 결정 단계를 뛰어넘게 만든다.

이를 온라인으로 구현하면, 특정 고객 유형(구매 결정 장애)에게만 '시간 한정 할인 이벤트'를 제공하거나, '품절 임박(재고 수량)'을 표시함으로써 구매 결정을 유도할 수 있다.

구매 결정 및 추가 구매 유도

고객은 구매 결정 단계로 넘어와 물건을 장바구니에 담는다. 온라인 마트처럼 고객이 장바구니에 많은 물건을 담을 경우, 쇼핑 목적을 파악해 추가 구매를 유도할 수 있다. 앞에서 단순히 방문 의도를 유추했다면, 이번 단계에서는 고객의 쇼핑 목적을 구체적이고 정확하게 알 수 있다.

장바구니에 담긴 상품이 늘어날수록 목적은 명확해진다. '고향에 내려갈 때 필요한 물건'을 사는 것인지, '계절이 바뀌면서 필요한 것'을 구매하는 것인지, 결혼을 앞두고 '혼수 제품'을 구매하는 것인지 등 구체적인 쇼핑 목적을 파악할 수 있다.

목적이 파악되면 추가 구매를 유도한다. 각 목적마다 구매하는 상품들의 목록이 어느 정도 정해져 있기 때문이다. 이 경우 목적 연관 상품들을 추가로 판매하는 방법도 있고, 일정 금액 이상에서의 구매 혜택을 제시해 추가 소비를 유도할 수도 있다.

장바구니는 쇼핑의 목적이 드러나는 개체이다. 장바구니의 연관 상품은 별도로 분석한다. 개인 연관 상품을 고객 개인별 공통 구매 상품으로 계산하는 것과 달리, 장바구니의 연관 상품은 말 그대로 장바구니 하나를 개인처럼 인식하고 연관 상품을 계산한다. 먼저 장바구니(쇼핑 목적)별로 최적 연관 상품 세트를 구성해놓고, 온라인 상에서 실시간으로 대응하도록 한다.

만족도 관리

고객이 상품을 결제하는 단계에서의 대응이다. 고객에게 '만족스럽게 쇼핑을 했다'는 경험을 주는 단계이다. 일반적으로 백화점 영업 점장은 VIP 고객에게 이번 구매로 얻을 수 있는 혜택을 먼저 챙겨준다. 예를 들어 상품권 지급을 도와준다거나, 쿠폰 사용 방법을 알려줌으로써 고객의 만족도를 높이고 신뢰를 얻는다.

온라인 쇼핑몰에서는 기본적으로 고객 유형에 맞춰 대응한다. 가격 둔감형 고객은 쿠폰 같은 것에 둔감하지만, 가격 민감형 고객은 쿠폰을 활성화하여 신뢰를 얻는 것이 중요하다. 결제 시 '사용 가능 포인트' 및 '쿠폰'을 하단부에 눈에 띄게 표시하는 식이다. 또한 사은품 및 적립금을 제공한다거나, 멤버십 등급을 올려줌으로써 만족도를 증대시키고 충성 고객으로 발전시킨다.

쿠폰, 적립금 미사용률이 높아지면 단기적으로는 기업의 수익이 증대되지만, 장기적으로는 좋지 않다. 분석 결과에 따르면, 기업의 미사용 쿠폰 수익은 쿠폰 사용에 따른 고객의 만족 경험 증대와 쿠폰 사용으로 인한 매출 증대 효과보다 낮다.

결제가 완료되고 쇼핑을 지속하는 고객을 위해 고객 민감형 오퍼 (타제품 할인, 1+1 등)를 제시하고 고객 연관 상품을 노출한다. 타 유입 사이트와의 제휴 광고를 통해 수익을 얻는 경우도 있다.

충성도 관리

지금까지의 단계들은 온라인 쇼핑몰에 접속한 상태의 대응 단계이다. 그러나 고객이 쇼핑몰에서 로그아웃한 상태에서도 꾸준한 충성도 관리가 필요하다. 백화점 영업점장의 경우 VIP 고객에게 주기적으로 전화를 하고, 문자를 보내는 등 관계를 유지하며, 우편으로 친필 메시지를 보내는 등 맞춤형 관리를 한다.

온라인 쇼핑몰도 마찬가지이다. 고객 프로파일에 기반한 페인 포인트를 기준으로 모든 고객을 정밀하게 관리한다. 정보 전달이 필요한 고객에게는 이메일과 문자를 보내고, 할인에 민감한 고객에게는 세일 행사를 알려준다. 여러 형태의 매장을 보유한 경우, 채널의 니즈에 맞춰 옴니 채널을 유도한다.

불특정 다수의 고객에게 대량의 프로모션을 남발하는 기업들이 많다. 고객에게 접근할 수 있는 매체는 문자, 이메일, 우편물, 스마트폰 푸시 알림 정도인데, 대부분 비용이 높지 않으니 무작정 많이 보내도 된다는 식이다.

대부분의 마케팅 담당자들은 프로모션 발송을 비용 관점에서 생각한다. 그러나 고객 입장에서 생각해보자. 정보의 홍수 속에서 살고 있는 고객은 불필요한 정보가 지속적으로 유입되면 스트레스가 쌓여 해당 매체에 대해 좋지 않은 이미지를 갖게 된다.

고객의 프로모션 대응 유형은 '적극 탐색', '소극적', '귀찮음', '부정적' 고객군이 있는데, 이 중 '귀찮음', '부정적' 고객군은 평균적으로 연속된 3.3회의 불만족스러운 경험이 발생하는 순간 수신 거부를 시도한다. 다시 말해 고객에게 접근할 수 있는 기회는 3.3회밖에 없으며, 그 횟수 안에 해당 매체의 만족스러운 경험을 고객에게 전달해야 한다.

이를 위해서는 민감한 정보를 적시에 정확한 매체를 통해 전달해야 한다. 고객별로 민감한 매체와 오퍼, 문구 등을 개인화하여 전달하는데, 우편물과 같이 개인화가 불가능한 매체의 경우에는 그룹을 나누어 내용을 구성한다. 앞서 살펴본 고객의 프로파일과 클러스터 결과를 토대로 자동 제작 및 발송하는 체계를 갖추는 것이 필요하다.

이처럼 단계별 대응에 따라 온라인 쇼핑몰을 구성한 다음에도 AB 테스트를 꾸준히 함으로써 최적화하는 과정이 필요하다. 전체 매출 증감에 몰입하다보면 어느 단계의 대응에서 문제가 발생했는지 파악하지 못하는 경우가 많다. 따라서 각 단계에서의 성과(다음 단계로 넘어갔는지, 추가 클릭이 일어났는지 등)를 명확히 정의하고, AB 테스트를 통해 성과가 높은 쪽으로 꾸준히 변경해야 한다. 온라인 쇼핑몰도 살아 숨 쉬는 고객이 이용하는 공간이므로 꾸준한 관리와 변화가 필요하다.

온라인 환경에서는 사이트 방문 시 고객 응대의 정교함이 쇼핑몰의 성패를 가른다. 온라인 시대에 살고 있으며 데이터에 둘러싸인 고객의 살아 있는 행동 하나하나에서 가치를 증대시키는 것이 데이터 분석가들이 해야 할 일이다.

편의점의 빅데이터 전략

편의점(Convenience Store)이 단순히 지역의 생필품이나 식품 니즈를 해결하는 것을 넘어, 중요한 유통 거점으로 떠오르고 있다. 그 이유는 거래의 온라인화와 물류 혁신의 영향으로 제품 전달 과정이 '생산지-물류-소비자'로 점점 단순화되고 있는데, 편의점이 소비자와 접하는 최전선에 있기 때문이다. 점점 소비자는 멀리 나와서 쇼핑하기보다 온라인 또는 집 앞에서 쇼핑을 해결하려 한다.

따라서 오프라인 매장(백화점, 마트 등)은 즐기는 역할(교제 공간이나 쇼룸 공간)의 비중이 높아진다. 제품 쇼루밍의 장점을 제외하면 이제 고비용의 오프라인 유통 구조는 온라인의 유통 시스템을 따라갈 수 없다. 남은 건 인간의 의식 구조가 변화하는 데 걸리는 시간뿐이다(아직 신선 식품, 의류 등은 온라인 구매 의식 전환이 늦다).

온라인 유통 시스템과 관련해 아마존에서는 배송 시간을 30분으로 단축시키겠다는 계획을 밝혔다. 과연 드넓은 미국 땅에서 30분 배송이 가능할까? 아마존은 무인 소형 헬리콥터인 드론을 이용한 배송을 대외적으로 내세웠지만, 내면에 숨어 있는 더 중요한 포인트는 '데이터 분석으로 고객의 수요를 맞출 수 있다'는 자신감이다. 아마존은 고객이 쇼핑 목록을 보고 조그만 핸디 기구를 사용해 간단히 바코드 스캔 또는 음성 인식으로 제품을 주문할 수 있도록 계획하고 있다. 심지어 고객이 주문하기도 전에 배송하는 알고리즘을 만들고 있다. 어떻게 이러한 일이 가능할까?

아마존은 소비자의 니즈를 실시간으로 파악해 판매 계획을 세우고 재고를 관리한다. 데이터 분석을 통해 고객 성향을 프로파일링하고 구매 이력(History)을 만들어놓는다. 그리고 고객의 구매 주기와 판매 트렌드 정보 회귀분석으로 수요를 예측해 물품별 구매 수량을 예측한다.

그런데 고객 개개인의 구매량을 예측하는 것이 가능할까? 개인별 통계 분석으로 예측하는 것은 오차가 너무 커서 무의미하지만, 고객을 그룹으로 보면 충분히 가능하다. 이때 이용하는 것이 전국 도처에 위치한 편의점이다. 편의점 상권별로 거주 고객의 프로파일 및 유형의 분포 비율, 구매 물품의 종류와 수량 등을 알 수 있기 때문이다.

한 명의 고객이 이번 달에 사과를 몇 개 구매할지는 알 수 없지만, 1,000명의 고객이 사과를 몇 개 구매할지는 매우 낮은 오차 범위 내에서 예측할 수 있다. 이렇듯 고객 군집 단위로 지역의 상품 예상 수요를 파악하고, 고객에 가장 가까운 거점(편의점, 물류센터)에 물품을 구비해 준비하고 있다가 고객이 주문하는 순간 드론이나 배달 직원을 통해 전달하는 것이다. 이것이 가능하기 위해서는 고객 접점 확보가 절대적이므로, 지역 물류의 최전선에 있는 편의점은 지역의 니즈를 가장 민감하게 해결하는 중요 채널이 될 것이다.

"고객 행동 원리를 이해해야 삼각 김밥도 팔고 세탁 서비스도 한다."

편의점 사업 전략을 수립하기 위해서는 우선 고객의 행동 원리부터 살펴보아야 한다. 고객의 유형을 먼저 이해하고, 그 결과를 토대로 지역의 상권을 분석해 수행하는 것이다. 데이터 분석을 통한 고객 및 점포 분석 방법은 다음과 같이 크게 세 가지로 나눠볼 수 있다.

분석 1. 고객 프로파일링 & 클러스터링

내부 데이터를 바탕으로 편의점 고객의 행동이나 구매한 상품을 통해 성향 속성을 도출하고 고객 프로파일링을 수행한다. 편의점 같은 소규모 유통점의 특징은 고객 인식 비율이 낮다는 점이다(아직은 편의점에서 담배를 사면서 멤버십 카드를 내미는 경우가 많지 않기 때문이다). 판매 내역은 있지만 누가 구매했는지는 모른다. 따라서 이 경우엔 적은 숫자의 인식 고객으로 성향을 분석해야 한다(이후 편의점별 판매 내역을 통해 고객 유형별 분포를 역추적한다).

그다음 고객 프로파일링 결과를 통계적으로 클러스터링해 고객의 유형을 구분한다. 예를 들어 주택가 주변 상권의 편의점일 경우 '반조리 식품을 구매하는 오피스텔 거주 1인 남성' 또는 '스낵을 구매하는 아파트 거주 여고생' 등의 유형이 있을 수 있고, 지하철역 주변 상권일 경우, '담배 및 음료를 주로 구매하는 직장인 남성', '라면, 도시락 등 즉석 식품을 구매하는 중고생' 등의 유형이 있을 수 있다.

분석 2. 상권을 구성하는 고객 분포 분석

전체 편의점 고객에 어떠한 유형들이 존재하는지 판단했다면, 이를 이용해 각 편의점의 특성과 유형을 파악한다. 앞서 언급했듯이, 편의점의 인식 고객은 10퍼센트 미만으로 매우 낮다. 따라서 각 편의점의 현재 인식 고객이 유형별로 어떻게 분포하는지를 먼저 도출한다. 그런 다음 인식 고객 분포와 편의점 매출을 통해 해당 상권의 전체 인식 및 미인식 고객의 유형 분포를 추정한다.

그다음에는 점포의 판매 데이터(판매 상품군, 브랜드, 가격, 수량, 판매 시각 등)와 그 지역의 통계 정보(성별, 연령대, 경제력 등)로 상권 고객 분포를 보완한다. 고객 유형별로 선호 상품군과 브랜드가 있으며, 구매 시각, 요일도 서로 다르다. 이러한 것들을 반영해 고객 유형 분포를 수정하는 작업이 필요하다.

분석 3. 점포 프로파일링 & 클러스터링 및 이해

고객 유형 분포, 경쟁 관계, 지역 통계 정보, 이 세 가지 정보를 이용해 점포에 대한 프로파일링을 수행하고 이것으로 클러스터링을 한다(고객 유형 분포는 분석 1 참고).

상권의 경쟁 관계는 편의점 주변의 경쟁 유통점 정보를 기준으로 분석한다. 편의점은 단순히 다른 편의점과만 경쟁하지 않는다. 골목 슈퍼나 대형

마트, 심지어 구멍가게나 백화점과도 경쟁한다. 경쟁 관계는 판매 데이터를 이용해 파악할 수 있다. 먼저 경쟁 상품을 정의하고, 유사 점포의 판매 데이터 평균과 얼마나 차이 나는가를 기준으로 경쟁 강도 인덱스를 도출한다.

지역 통계는 일반적인 부동산 상권을 기준으로 정의하며, 성비, 연령 분포, 소득 등으로 나눈다. 주말 상권, 주중 상권, 오피스 상권, 쇼핑 상권, 이벤트 상권, 거주지 상권 등의 유형이 있다.

점포 유형 군집화를 마치면 각 유형별로 특징을 도출하고(고객 페르소나 분석처럼) 상권의 니즈를 찾는다.

위와 같이 고객 및 점포 분석의 기본 모델이 완성되면 이를 사업 전략에 활용할 수 있어야 한다. 지금부터는 분석 데이터의 활용 방안에 대해 살펴보도록 하자.

활용 1. 경쟁 시장 수익성 전략

먼저 점포의 상권을 기준으로 경쟁 시장인지 독점 시장인지 분석한다. 경쟁 관계에 따라 전략이 완전히 달라지기 때문이다.

예시: 경쟁 시장에서의 고객 행동

"최철민 씨는 역삼역 근처에 있는 회사에서 근무한다. 역삼역 근처에는 편의점이 세 개 있는데, 편의점에서 간단한 샌드위치와 음료를 주로 구매하는 최철민 씨는 몇 번의 경험을 통해 각 편의점별 샌드위치 종류와 가격차를 알게 되었다. 현재 최철민 씨는 자신이 좋아하는 샌드위치가 가장 저렴한 편의점을 1년 넘게 이용해오고 있다."

경쟁 시장의 경우, 고객은 편의점 니즈가 발생했을 때 여러 선택 사항이 있으며, 동선에서 평균 50미터 이내에 존재하는 편의점(마트 포함)을 비교해 방문할 의향이 있다. 따라서 경쟁 지역에서는 고객이 주로 비교하는 상품과 가격을 도출해 경쟁에서 이기는 것이 가장 중요하다.

고객 개개인의 머릿속에는 고관여 제품(자신의 취향이 뚜렷이 드러나는 주요 비교 제품)과 저관여 상품(별로 관심이 없으며 차이에 둔감한 제품)이 있다. 따라서 경쟁 지역에서는 고관여 제품 경쟁에서 이겨 고객을 편의점으로 유입시키고, 저관여 제품을 추가로 판매해 수익을 올려야 한다. 최철민 씨의 경우에 적용하면, 그는 샌드위치(고관여 제품) 때문에 편의점에 방문하고 담배, 음료 등(저관여 제품)을 추가로 구매하는 케이스이다.

예시: 독점 시장에서의 고객 행동

"독산동에 거주하는 한지영 씨는 가끔씩 과자와 음료를 구매하러 편의점에 나온다. 집에서 3분 정도 걸어가면 편의점이 하나 있으며, 다른 편의점은 10분 넘게 걸리기 때문에 갈 엄두를 못 낸다. 한지영 씨는 편의점 과자와 음료를 좋아하는데 가끔씩 생활용품도 구매하고, 집에 가는 길에 맥주와 견과류를 구매하기도 한다. 한지영 씨는 이곳에 거주한 지 5년이 지났지만 편의점을 비교해서 선택해본 적이 없다."

독점 시장의 경우, 고객이 편의점 니즈가 발생했을 때 고민할 것은 단 하나 '구매하느냐 마느냐'뿐이다. 독점 시장에서는 유일한 경쟁자가 고객의 지갑이다. 고객의 지불 의향을 고려해 가격을 최대한 높게 받는 것이 최선이다. 따라서 독점 시장 전략은 수익 극대화에 초점을 맞춘다. 고객의 가격 민감도를 계산해 매출 및 수익을 최대로 하는 제품별 최적 가격을 도출하는 것이 필요하다.

활용 2. 점포별 마케팅 최적화

앞서 도출한 점포 유형과 고객 유형 분포에 기초해 각 점포의 마케팅 계획을 수립한다. 먼저 인터뷰와 관찰 조사를 통해 고객 유형별 편의점 방문 및 구매 행동을 분석한다. 그런 다음 어느 부분에서 고객이 어려움을 겪고 있는지 파악해 페인 포인트를 찾는다. 결론적으로 페인 포인트를 해결하는 방법을 찾고 마케팅 방안을 수립한다.

예를 들어 저가 핸드폰에 대한 니즈는 있으나 편의점에서 구매할 수 있다는 사실을 모르는 고객에게 해당 정보를 전달하거나, 할인 선호 고객에게 동네 마트보다 저렴한 멤버십 마일리지를 제공할 수 있다.

수행 방법은 비시스템적 방식(매대 구조나 제품 구성, 진열 등을 변경)과 시스템적 방식(고객에게 직접 SMS나 메일 발송 등)이 있다.

예시: A 편의점 송파 5호점
- 점포 군집: 소규모 가족 실생활 저가형 점포
- 경쟁 관계: 경쟁 Index 30(100미터 이내 중형 마트 1개)

고객 유형 1: 1인 가구 젊은 여성
- 구매 행동: 식품은 신선한 고급 제품, 음료수는 저가 제품 선택. 간단한 의약품을 구매하며 주기적으로 스타킹 및 전기 제품(형광등 등) 구매.
- 페인 포인트: 신선한 고급 식품을 '편의점에서 판매한다'는 사실 자체를 모르고 있음.
- 마케팅 방안: '1인 가구 베스트 제품군' 리스트를 SMS로 전송. 출퇴근 시간에 LED 화면에 신선 식품 소개.

고객 유형 2: 아동기 자녀를 둔 남성
- 구매 행동: 담배 및 음료를 자주 구매하며, 가끔씩 헤어 제품이나 문구류 구매.
- 페인 포인트: 음료수와 식품은 가격에 민감하지만 나머지는 가격을 잘

모름.

- 마케팅 방안: 음료수와 식품 등 가격 민감도를 계산해 가격 민감형 상품군은 가격을 경쟁사보다 10퍼센트 낮추고, 가격 둔감형 상품군은 수익을 최대화하는 가격으로 적용.

활용 3. 고객 니즈 기반 신제품 개발

"고객은 원하는데, 우리 점포에는 없어서 못 파는 상품을 찾아라."

고객에게 필요한(즉 팔릴 것 같은) 상품이지만 현재 점포에 없는 상품을 발굴한다. 고객이 실생활에 필요로 하는 것을 끊임없이 파악하고 구비하는 것을 목표로 한다. 판매할 상품은 상권의 고객 분포를 통해 예측한다.

(1) 상권 고객군 분포를 통해 예상 판매 상품 리스트를 작성한다. 고객별 관심 상품 순위를 도출한 뒤 지역 거주인 수로 곱하면 상품별 예상 판매량이 나온다.

(2) 예상 판매 상품 리스트에는 있는데, 현재 우리 점포에 없는 제품을 구비한다(단기 파일럿 판매를 실시하여 테스트한다).

(3) 주기적으로 고객 비율, 점포 규모에 따른 최적 제품 포트폴리오를 마련한다.

활용 4. 히트 상품 예측 및 대응

편의점 히트 상품 예측을 시스템화하여 즉시 대응하는 체계를 갖춘다.

(1) 유행 민감 고객군 및 유행 민감 상권을 도출한다.

(2) 주요 온라인 사이트에서 제품 및 브랜드 유행 동향을 수집한다.

(3) 유행 민감 고객군의 재구매율을 계산한다.

(4) 회귀분석을 통해 향후 6개월 판매 흐름을 예측한다.

(5) 유행 상품과 동일한 PB 상품을 개발하고 공급을 확대한다.

활용 5. 상권 진입 전략

고객 분포 및 유동 인구에 따라 상권 진입 전략을 수립한다.

(1) 국내 전 지역의 상권별 고객 분포와 경쟁(외부 데이터 수집)을 데이터 베이스화한다.

(2) 앞서 구축한 편의점 유형 데이터베이스를 통해 각 상권의 최적 유형을 선정한다.

(3) (2)의 유형으로 진입했을 경우, 고객의 유입 정도와 매출 정도를 예측한 시뮬레이션을 수행한다.

(4) 5년 예상 재무제표를 통해 진입 여부를 결정한다.

이상의 활용 방안은 기본적으로 지역 기반 유통점에서 사용할 수 있는 방안들이다. 이때 위에서 구축한 시스템은 향후 인식 고객 증가에 따라 자가 성장(Self-growing)하는 모델이 된다.

아마존을 이기는 방법

아마존의 맞춤형 쇼핑몰 구성 방식은 플랫폼과 알고리즘을 이용한, 현재로서는 최선의 대형 온라인 유통 방식이다. 아마존은 고객의 니즈를 민감하게 파악하고 제품을 추천하는 알고리즘을 갖추고 있는데, 주로 구매 이력 및 조회 상품으로 분석된 결과를 이용한 것이다. 행동 분석 측면은 미흡하지만, 경쟁사에 비해서는 진보된 형태이다.

그렇다면 이와 같이 구성하면 (아마존이 의도하는) '1억 명 고객에게 1억 개의 최적화된 쇼핑몰'을 제공해 모든 고객을 만족시킬 수 있을까? 결론은 '회의적'이다. 유리병에 자갈을 아무리 정교하게 채워 넣어도 모래가 들어갈 공간이 존재하듯이, 하나의 플랫폼으로 고객의 모든 니즈를 채울 수는 없다.

인간은 알고리즘만으로 해결되는 합리적이기만 한 동물이 아니다. 고객 개인별, 군집별 알고리즘에 의해 각각 최적화된 제품을 추천할 수는 있으나, 고객은 (제품뿐만이 아니라) 첫 화면 클릭부터 구경하고 결제에 이르기까지 디자인, 서체, 메뉴 구성, 문구 등 자신만의 취향이 뚜렷하게 존재한다. 아마존닷컴(Amazon.com)이라는 단일 플랫폼으로 모든 고객이 원하는 개성과 취향의 욕구를 만족시키는 데는 한계가 있다.

아마존의 패션 유통을 살펴보자. 오픈 마켓으로 일반 대중을 공략하는 쇼핑몰은 '아마존 패션(Amazon Fashion)'이다. 그러나 아마존은 그 외에도 자포스(Zappos), 숍밥(Shopbop), 이스트 데인(East Dane), 마이해빗(MyHabit) 등 개성이 뚜렷한 별도의 쇼핑몰 사이트를 보유하고 있다. 만약 아마존이 '아마존 패션'으로 모두에게 최적화된 쇼핑몰을 제공할 수 있었다면 이러한 독립 사이트가 필요하지 않았을 것이다. 그러나 '아마존 패션'이라는 플랫폼만으로는 개성이 뚜렷한 패션 고객군의 특징에 맞는 구색과 분위기를 갖추는 데 어려움이 있다.(이와 유사한 형태가 페이스북의 인스타그램이다. 사진 목적의 뚜렷한 개성 고객을 타깃으로 하여 군집 네트워크를 강화하고 트래픽을 높이기 위해 사진 기능이 뛰어난 인스타그램이라는 독립 공간을 제공한 것이다.)

시장을 조각내라

상품군마다 크게 두 가지 부류의 고객이 존재하는데, 바로 일반 대중과 가치 추구 고객이다. 온라인 쇼핑몰의 경우 비교적 패션에 무관심한 일반 대중은 '아마존 패션'에서 무난하고 저렴한 정형화된 상품을 구매한다. 그러나 패션 쇼핑에 관심이 많은 가치 추구 고객은 자신의 취향에 맞는 상품과 쇼핑몰을 적극적으로 찾는다(오프라인에 적용하면 일반 대중을 타깃으로 한 유니클로와 가치 추구자를 타깃으로 한 소호[SOHO] 매장으로 이해할 수 있다). 초기에 정형화된 상품으로 급성장을 이룬 아마존은 이러한 가치 추구자 공략에 어려움을 겪었고, 단일 플랫폼의 한계를 깨달았다. 따라서 개성이 뚜렷한 쇼핑 사이트들을 인수하기 시작했다.

2010년대 중반 국내에서는 11번가, G마켓, 옥션 등 오픈 마켓의 매출은 정체를 면치 못하는 반면, 스타일난다, 나인걸, 난닝구와 같은 의류 쇼핑몰이 새롭게 등장해 수천억 대의 매출을 올리며 대형 쇼핑몰로 거듭났다. 이러한 변화가 생긴 이유는 대형 오픈 마켓에서 채울 수 없는 가치 추구자의 니즈가 증가했기 때문이다. 온라인 패션 고객들은 처음에는 오픈 마켓을 이용했지만, 점점 온라인 쇼핑 경험이 쌓이면서 자신에게 맞는 패션 쇼핑몰들을 찾게 되었다. 이러한 니즈에 충실한 소규모 패션 쇼핑몰들은 시장 포지셔닝을 확고히 하며 대형 기업으로 성장할 수 있었다.

국내 오픈 마켓 약세의 원인은 두 가지이다. 첫째는 '아마존 패션'처럼 일반 대중 고객에게 최적화된 추천 및 프로모션을 수행하는 동적 플랫폼을 만들지 못한 것이고, 둘째는 '스타일난다'처럼 가치 추구 고객에게 맞춰진 독립 공간을 제공하지 못했기 때문이다.

요컨대 아마존을 이기는 방법은 대형 플랫폼으로 고객 최적화를 실현하거나, 고객 유형별 니즈에 충실한 독립 사이트를 구성해 시장을 분할 점령하는 것이다.

성장 시장에서 승부하라

현대는 플랫폼 전쟁 시대이다. 무엇보다 고객의 트래픽을 장악하는 것이 급선무이다. 그렇지만 이미 진영이 탄탄하게 갖춰진 기존 시장에서 경쟁하기에는 경쟁사들의 방어가 너무 심하다. 상대방도 시장을 빼앗기려 하지 않을 것이므로 결국 제로섬 게임에 빠질 것이 뻔하다.

따라서 기업의 세력을 확장하기 위한 가장 좋은 방법은 '성장 시장'에 뛰어들어 먼저 깃발을 꽂는 것이다. 대부분의 산업에서 기업이 헤게모니를 역전시킬 때는 이와 같은 성장 시장 선점 전략을 수행했다. 성장 시장을 선점해 충성 고객과 트래픽을 확보하는 것이다. 2010년대 중반 온라인 성장 시장은 모바일, 고가 패션, 고연령, 식품, 중국 수요 등 다양한 분야가 있다. 이러한 성장 시장을 찾는 안목을 길러 플랫폼 영역을 넓혀가야 한다.

데이터를 활용해 성장 시장을 찾는 방법에는 외부 빅데이터를 수집 및 분석해 통계를 내거나, 내부 데이터를 이용해 히트 상품 또는 브랜드 예측, 성장 카테고리 예측, 빈 시장 발견 등을 수행하는 방법이 있다(이때 정성 조사도 병행한다). 또한 초기에는 성장 시장 큐레이션을 통해 타깃 고객의 놀이터로 만들어주며 트래픽을 확보하는 것이 중요하다.

실패하는 경영자들은 종종 투자가 필요할 때 소극적이고 투자가 필요하지 않을 때 투자하는 우를 범한다. 아마존을 이기는 방법은 꾸준히 성장 시장을 감지하고 고객의 니즈를 채워주는 것임을 잊지 말아야 한다. 그러면 어느 순간 시장의 헤게모니를 장악하게 될 것이다.

우버는 허상이다? — 공유 경제와 빅데이터

N(Network) 세대란 1977년부터 1997년 사이에 태어난 세대로, 디지털 기기를 능숙하게 다루는 세대를 말한다. N 세대는 인터넷 등을 활용해 일방향이 아닌 쌍방향의 의사소통을 한다는 것, 또 수동적 관람자가 아닌 능동적 이용자가 되길 원한다.

S(Social media) 세대는 1997년 이후 태어난 세대를 말한다. S 세대는 기존 세대보다 협력과 공유에 능하고 재미와 스피드를 추구한다. 또한 모든 난제와 인간관계, 인성까지 다양한 플랫폼에서 동시다발적으로 해결하고, 페이스북과 구글 같은 플랫폼으로 세상을 바라보며 그것을 자신의 사고 영역으로 활용한다.

N 세대와 S 세대에서 이러한 특징이 나타나는 이유는 이들이 물질과 정보의 과잉 시대에 살고 있기 때문이다. 이들은 수많은 정보 중 자신에게 맞는 것을 선택하는 능력이 발달해, 능동적 데이터 플랫폼을 잘 활용할 줄 안다.

산업혁명 이후 성장 강박증에 걸린 인류는 고도의 양적 성장을 거듭해왔다. 그 결과 2000년대에 들어서면서부터는 주요 산업에서 공급이 수요를 앞지르는 현상이 발생하면서, 지금은 인류가 필요로 하는 것보다 더 많은 양이 생산되고 있다.

그러나 이러한 과잉 현상이 모든 인류의 물질적 풍요로움으로 귀결되지는 않는다. 사회 시스템의 문제 및 정보의 불일치 등으로 여전히 분배의 문제가 존재하고 있다. 즉 정보를 얻지 못해 수요를 일으키지 못하고, 그에 따른 공급을 제공하지 못하는 수요-공급의 불균형이 아직도 분명히 존재한다.

우버(Uber), 집카(Zipcar), 에어비앤비(Airbnb) 등 최근 떠오르고 있는 '공유 경제 비즈니스'는 이러한 문제를 해결하려는 노력에서 시작되었다. 우버,

집카, 공유 주차장 등 운송 정보 서비스는 렌터카 등 평소에 사용하지 않는 자동차를 저렴한 비용으로 사용할 의향이 있는 고객에게 연결해주는 단순한 정보 공유 시스템이다. 이러한 서비스 시장이 성장하는 것은 저가 및 공유의 니즈가 시장에 팽배해 있다는 의미이다. 갈수록 소유의 개념은 줄어들고 빌려 쓰는 비즈니스가 확대되고 있다. 공유 비즈니스는 매우 단순한 아이디어지만 S 세대의 출현과 스마트폰의 성장에 힘입어 현실화되고 있는 것이다.

현재의 공유 경제는 공유 목적을 가진 사람들끼리 수요-공급 정보를 공유하는 공간인 플랫폼을 제공하는 서비스 정도만 하고 있다. 그렇다면 여기서 더 나아간 단계는 어떤 모습일까? 바로 수요-공급 정보를 고객의 니즈에 맞게 선별하고 가공해 전달하는 것이다.

에어비앤비—단순한 정보 공유 사이트?

에어비앤비는 주거지의 일부를 다른 사람에게 빌려주는 서비스를 제공하는 온라인 사이트이다. 2013년 기준 192개국 3만 5,000여 곳을 숙박 중개하고 있다. 시장에서는 에어비앤비의 기업 가치를 130억 달러로 추정했다. 이는 하얏트호텔과 같은 거대 호텔 그룹의 시가 총액보다 높은 수준이다. 그렇다면 그 이유는 무엇일까?

기존의 온라인 숙박 및 여행 서비스 시장에서는 엑스피디아(Expedia), 오르비츠(Orbitz) 등의 기업들이 호텔, 레지던스 등과 연계해 숙박시설과 항공예약 서비스 등을 제공했다. 그러나 상업적 호텔 외에도 사용하지 않는, 소위 '놀고 있는' 무수히 많은 주거지가 있으며 사람들은 그것을 저가로 사용하고자 하는 니즈가 있다. 에어비앤비는 이러한 놀고 있는 숙박시설을 보유한 공급자와 저렴한 숙박시설을 찾는 수요자가 자유롭게 정보를 교환하는 공간을 마련해주었다. 이러한 플랫폼이 시발점이 되어 경제적인 문제로 잠재되어 있던 여행, 레저 욕구가 수면 위로 드러났으며, 이용객들의 뜨거운 반응에 힘입어 에어비앤비는 플랫폼을 확장하며 성장해나갔다.

에어비앤비 등 공유경제 기업의 높은 가치는 미래의 성장 요인에 기인한다. 시장에서는 숙박 및 여행 플랫폼의 선발 주자인 에어비앤비가 앞으로 대부분의 고객층을 잠식하며 호텔 기반의 거대 경쟁자를 압도할 것으로 예상하고 있다. 그 이유는 에어비앤비가 축적된 고객의 빅데이터로 고객과 밀접하게 소통하고 개인별로 최적화된 서비스를 꾸준히 개발하며 사업 영역을 확대하고 있기 때문이다.

에어비앤비는 최적화된 목적지를 추천하고 프로모션을 제공하는 등 점차 숙박 및 여행 전반에 걸친 개인화된 종합 서비스를 제공할 예정이다. 이는 고객 데이터 분석을 기반으로 개인별 니즈(여행하고자 하는 마음, 할인 혜택을 사용하지 않으면 불안함 등)를 찾아 해결하는 수준으로 진화한 것이다.

에어비앤비 사례에서 보듯, 물질 과잉의 현대 사회에서는 플랫폼을 기반으로 정보를 공유하는 것만으로도 큰 가치를 낼 수 있다. 그리고 향후 플랫폼 활용 방향은 필연적으로 고객의 니즈를 찾아 데이터 분석을 통해 정확한 정보를 연결해주는 것이 될 것이다.

Further Study 3

행복 플랫폼

"아멜리에는 우연히 누군가의 50년 전 추억이 담긴 사진을 찾아주었는데, 사진의 주인은 이 사소해 보이는 배려에 큰 감동을 받는다. 이 모습을 본 아멜리에는 그때부터 다양한 능력으로 사람들을 즐겁게 해주고 꿈과 희망을 주기 시작했다. 그 능력은 별것 아닌, 그저 연출만 해주는 것뿐이었는데도 사람들은 스스로 행복을 느끼게 되었다."

– 영화 〈아멜리에(Amelie)〉(2001)의 내용

행복을 찾아주는 데이터 플랫폼

앞서 살펴보았듯이, 데이터 분석의 기본은 고객의 니즈를 파악하는 것이다. 활용의 시대, 공유의 시대로 넘어가면서 점차 '부' 자체보다는 인간이 얻는 가치, 즉 '행복' 중심으로 서비스의 관점이 전환되고 있다.

미래 기술 서비스의 흐름은 크게 세 가지로 볼 수 있다.

첫째, 스마트폰에서 웨어러블 기기를 거쳐 유비쿼터스 컴퓨팅에 이르면서, 인간은 시간과 공간에 구애받지 않고 정보의 혜택을 받을 수 있을 것이다.

둘째, 인간은 자신의 (물질적 기준이 아닌) 행복감을 기준으로 최선의 방법을 제시받고 이를 능동적으로 즐길 수 있을 것이다.

셋째, 단순히 행복을 얻는 것에서 그치는 것이 아니라, 다양한 삶을 살아보는 '경험의 확대'를 통해 공동체 의식으로 전환할 수 있을 것이다.

요컨대 미래에는 개개인의 정보를 분석해 최적의 행복을 누릴 수 있는 방향을 제시하고 다양한 행복을 끊임없이 창출하도록 데이터 활용을 지속할 것이다. 그리고 단순히 하나의 서비스에 그치지 않고 직업, 취미, 가족, 친구, 여행, 외식, 쇼핑, 의료 등 모든 분야를 통합한 개인화 플랫폼이 만들어질 것이다. 이 플랫폼은 장기적으로 수요와 공급을 컨트롤하는 유기체적 역할을 할 것이다.

이러한 '행복 플랫폼' 역시 데이터 분석을 통해 구현할 수 있는데, 방법은 기존에 하던 것과 다르지 않다. 다만 모델링의 목적이 '수익을 극대화'하는 방향에서 '행복을 극대화'하는 방향으로 전환될 뿐이다. 이 과정을 구체적으로 살펴보자.

먼저, 사람이 주로 행복을 얻는 부분을 세분화하여 그 과정을 인터뷰와 조사 등을 통해 가설적으로 도출하고 데이터베이스에서 최대한 찾아낸다. 예를 들어 '인테리어를 꾸미는 데서 성취감을 얻는' 속성을 정했다면, 재료를 구매하거나 집에서 조립 및 설치하는 흔적을 데이터로 파악한다. 그런 다음 그것에 대한 행복감을 얻는 결과를 확인할 때는 카페 활동, 친지와의 파티

사진, 건강 신호 등(데이터 수집량이 증가하면 측정. 초기에는 정보 활용 동의 고객 서비스)으로 파악한다.

행복을 얻는 수많은 패턴을 알게 되면 선행 과정과 결과를 데이터로 감지할 수 있다. 데이터로 사람의 (행복을 얻는) 행동을 찾고, 그것을 지수화하여 프로파일링한다. 그러면 개인별로 행복을 얻는 포인트를 찾아내 활용할 수 있을 것이다.

프로파일을 기준으로 개개인을 클러스터링하면, 행복을 얻는 성향이 비슷한 유형끼리 모인다. 개인에게 유형별 행복 발굴 정보를 제공하거나, 유형끼리 모여서 커뮤니티를 만들고 정보 교류를 촉진해 집단 지성의 효과를 낼 수도 있다.

개인별·유형별 행복감이 꾸준히 높아지도록 다른 커뮤니티와의 교류, 개인 연관 행복 속성 등을 발굴하며, 지속 가능한 플랫폼을 구축한다. 플랫폼이 제공하는 틀에 너무 갇히는 것은 좋지 않으므로, 페이스북 친구 추천 기능(여러 유형의 친구를 주기적으로 교체하며 퀀텀 점프 형식으로 추천)과 같은 방식으로 행복을 찾아갈 수 있도록 한다. 이것이 경험 확대의 방법이며, 다양한 경험을 주고받는 공동체 의식을 발전시킬 수 있다.

빅데이터, 산 넘어 산

엘리트의 몰락

관도대전(官渡大戰)은 적벽대전(赤壁大戰), 이릉대전(夷陵大戰)과 함께 『삼국지』의 3대 전투 중 하나로서, 조조와 원소가 벌인 중요한 전투이다. 익히 알려진 바와 같이 이 전투에서는 조조가 승리했다. 그러나 당시에는 아무도 조조의 승리를 예상하지 못했다. 원소는 당시 가장 강대한 세력을 가지고 있었기 때문이다.

　명문 가문의 배경과 수많은 권세가의 지원까지 완벽하게 갖춘 원소는 엘리트 정규 코스를 밟으며 천하를 제패할 준비가 되어 있었다. 게다가 원소군(軍)은 70만 대군으로 조조군(軍)에 비해 무려 열배 이상의 병력을 자랑했기에, 외견상으로는 패할 가능성이 거의 없었다. 이러한 상황에서 원소는 왜 조조에게 패했을까?

관도대전은 단 한 번의 전투로 승패가 갈렸다. 원소군의 병량 기지가 오소 지역에 주둔하고 있다는 것을 알게 된 조조가 직접 보병과 경기병 5,000을 이끌고 기습해 군량 경비군을 섬멸하고 식량을 불태워버린 것이다. 원소군에는 수많은 병력, 첨단 무기, 강인한 장수들과 뛰어난 전략가들이 많았지만, 제대로 싸워보지도 못하고 패퇴할 수밖에 없었다. 원소 입장에서는 매우 안타까운 패배였다. 전투에서 승리할 수 있는 모든 요건을 갖추었음에도 불구하고, 대수롭지 않게 생각한 문제(식량)로 패배했기 때문이다. 이로 인해 원소 세력은 완전히 몰락하고 말았다.

빅데이터는 왜 실패하는가? 데이터 분석의 성공 요인(삶의 가치 창출, 정밀한 데이터 가공, 전략적 활용 등)을 모두 갖추었다고 해서 반드시 성공하는 것은 아니다. 필자의 경험에 따르면 데이터 분석 자체보다는 외부 요인에 의해 눈앞에서 승리를 놓치는 경우가 많았다. 주로 실행 과정에서의 오류와 조직의 문제가 장애물로 강하게 작용한다.

원소의 패배에서 볼 수 있듯이 모든 것이 완벽하더라도 실행 과정에서 한 가지만 놓치면 패배하게 된다. (그리고 이러한 이유로 많은 이가 '데이터 분석 자체가 성과가 나지 않는다'는 불신을 갖게 된다.) 기업의 기초 업무 활동들(영업, 생산, 물류 등)은 열심히 하면 그만큼 성과로 나타나지만, 전략적 업무 활동(마케팅 전략, 분석 활용 등)은 성공 또는 실패라는 이분법적인 결과로 나타나는 경우가 많다. 데이터 분석과 활용 모델을 완벽하게 설계했음에도 불구하고 실행 과정에서의 사소한 판단 착오 하나로 인해 데이터 분석 노력 전체가 물거품이 되곤 한다.

앞에서 다뤘던 테스코의 사례를 다시 한 번 짚어보자. 테스코가 글로벌 확장에 어려움을 겪은 이유는 무엇일까? 그것은 데이터 분석을 성과로 연결하는 중간 과정에 소홀했기 때문이다. 테스코는 기존의 데이터 분석 모델을 그대로 외국에서 활용하는 우를 범했다.

신흥 진출국에 테스코는 말 그대로 '엘리트'였다. 즉흥적인 행사와 같은 마구잡이식 영업에 급급한 현지 업체들의 눈에 테스코는 영국의 첨단 데이터 분석 시스템이라는 마법 상자를 들고 와서 마케팅 기획을 척척 수행해내는 최고 엘리트 집단으로 보였다.

그러나 의외로 현실의 벽은 높았다. 현지화하지 않은 분석 기반 마케팅 계획은 실행되지 못하고 방치되었다. 외국은 마케팅 프로세스, 본사 조직 및 협력 조직 등 시장 환경이 판이하게 달랐던 것이다.

제아무리 정교한 분석 시스템이더라도 프로세스와 조직이 받쳐주지 않으면 효과를 발휘하기 어렵다. 테스코는 우선 현지 공급자, 마케팅 수행사, 시스템업체 등과의 협업을 통해 수행 프로세스를 최적화하는 것이 필요했다. 그리고 내부 조직을 분석 마케팅 중심으로 새롭게 개편하고 의식을 전환시키는 것이 필요했다. 경영진의 추진력에 힘입은 강력한 현지화 정책이 시행되지 않으면, 당장의 수익에 급급한 기존 프로세스와 조직을 바꾸기 어렵다.

성과를 내는 3대 법칙

데이터 분석을 잘하기 위해 과도하게 집착하는 것은 좋지 않다. 물론 잘하는 것은 좋지만, 성과로 연결하는 것이 훨씬 더 중요함을 잊어서는 안 된다. 이를 위해서는 먼저, 성과 지향 프로젝트 관리를 해야 한다. '성과가 나지 않는' 부분을 버리고 '성과가 나는' 부분을 책임지고 마무리하는 것이다. 또한 실행 과정에서 장애물을 제거하는 활동이 필요하다. 앞에서 말한 것처럼, 데이터 분석이 실제 성과로 이어지기까지는 많은 장애물이 존재하기 때문이다.

다음은 빅데이터 분석 성과 실현의 걸림돌을 해결하기 위한 세 단계를 소개한다. 모든 기업에 정형화할 수는 없겠지만, 성과가 날 것인지 진단해보고 성과로 연결시키는 직관을 갖추는 데 꼭 활용하기 바란다.

첫째, 실행 프로세스를 최대한 간결하게 유지한다. 데이터 분석은 모델링(분석 결과 프로그램)을 현실에 적용하는 과정에서 어디에서 무엇이 잘못되었는지 판단하는 것이 어렵기 때문에 오류를 그냥 지나치는 경우가 많다. 데이터 분석 활용 과정에는 개발 전달, 시스템 성능, 담당자 이해, 공급자 동의 등 주요 요충지가 있다. 이러한 요충지를 파악해 관리에 신중을 기해야 한다. 그러기 위해 가능한 한 프로세스를 짧게 하고, 프로세스 전체를 바라보는 핵심 인력이 필요하다.

둘째, 조직의 문제를 파악하고 해결한다. 데이터 분석이 활용으로 넘어갈 때는 다양한 조직의 협업이 필요하다. 데이터 분석은 스마트폰 앱이나 기업에서 쓰는 오피스 프로그램과 같은 IT 솔루션처럼 간단히 설치하고 사용할 수 있는 성격이 아니다. 시스템이 전체 기업의 활동에 녹아들어야 하므로 이해관계자가 많아지고 이것이 업무 프로세스에 영향을 준다. 따라서 비즈니스-IT 역량을 갖춘 데이터 분석가가 직접 프로그램을 구현해 시스템에서 바로 작동할 수 있도록 하는 것이 필요하다. 또한 타 업무나 다른 조직에 지장을 받지 않도록 독립 조직을 운영해야 한다.

마지막으로, 초기 성과(Quick-win)를 보여준다. 그래야 계속되는 데이터 분석이 탄력을 받고 조직의 지원을 받을 수 있다. 따라서 성과가 날 수 있는 부분에 집중해서 수행한다. 향후에 꾸준히 성과가 나고, 데이터 증대에 따라 모델이 자체 성장하도록 교육하고 변화관리를 수행하도록 한다.

데이터 사이언티스트는 지휘자이다

실행 프로세스의 병목 현상을 찾아라

과거 〈가족오락관〉이란 방송 프로그램에 '고요 속의 외침'이라는 인기 코너가 있었다. 팀 구성원들이 음악이 흘러나오는 헤드폰을 쓰고 속담 등을 마지막 사람에게 정확하게 전달해야 이기는 게임이었다. 그러나 여러 사람을 거치는 동안 속담은 전혀 엉뚱한 내용으로

226

바뀌어 잘못 전달된다.

빅데이터 프로젝트의 커뮤니케이션 프로세스에서 오류가 나는 과정이 바로 이런 모습이다. 먼저 비즈니스 담당자는 '활용' 관점에서 자신의 의도를 전달한다. 그러나 IT 담당자는 최대한 설계를 지원하려고 노력함에도 불구하고 자신이 들을 수 있는 것 외에는 듣지 못한다. 따라서 무수한 프로세스를 거쳐 분석이 진행되고 결과가 나오기까지 많은 우여곡절을 겪는다. 빅데이터 프로젝트를 하는 도중 비즈니스 담당자와 IT 담당자의 입장이 달라 배가 산으로 가는가 하면, 기업 내부에서도 프로젝트 결과를 제대로 활용하지 못하는 경우가 생긴다.

데이터 분석은 자재 관리나 회계 관리처럼 오류 사항을 쉽게 검증하고 항목들이 숫자로 정확히 떨어지는 성격의 것이 아니다. 정답도 없고, 결과 측정도 쉽지 않다. 따라서 많은 프로세스 중 어느 한 군데가 잘못되어도 발견하기 어렵고, 의도했던 결과를 얻기는 더욱 어렵다.

특히 큰 기업에서 데이터 분석의 성과를 내기 어려운 이유는 업무 흐름이 너무 복잡하고 일이 세분화되어 있으며 담당자가 자신이 맡은 일에만 집중하는 구조이기 때문이다. 그러다보니 데이터 분석을 종합적으로 볼 수 있는 사람이 아무도 없다. 프로세스가 복잡하면 복잡할수록 오해와 오류가 발생하고, 결국 성과를 내는 데 실패한다. 앞서 언급한 바와 같이 데이터 분석에서는 조그만 오류가 나비효과처럼 크게 번져 성과를 좌우한다.

프로젝트의 의사소통

빅데이터 프로젝트 수행 시 잘못된 의사소통이나 배경 지식의 차이로 인해 데이터 분석 결과가 잘못 해석되어 성과가 나지 않는 경우가 있다. 단순한 커뮤니케이션 오류라고 하기에는 해악이 너무나 크다. 직원들은 주 업무와 다른 생소한 업무이므로 데이터 분석 활용 학습에 시간을 들여야 하며, 사용법을 정확히 숙지해야 한다.

어느 온라인 패션 기업에서는 고객 데이터를 분석해 제품 구매 확률을 도출하고 개인별 추천 제품 리스트를 생성하는 알고리즘을 개발했다. 모델링 팀은 제품 구매 확률을 우선순위(랭킹)화하여 낮은 숫자가 높은 확률이라고 전달했지만, 중간 담당자는 이를 점수로 착각하고 높은 숫자의 고객들에게 제품을 추천하도록 프로그램을 개발했다. 결국 (구매 확률이 낮은 제품이 추천된 까닭에) 구매율은 기존 방식보다 떨어졌고, 회사는 해당 프로그램에 대한 불신이 커져 사용을 중단하고 기존 방식으로 돌아가버렸다.

또 다른 글로벌 화장품 기업의 데이터 분석 팀에서는 소비자 구매 가격을 분석하고 비용 지불 의향 범위를 도출해 최적 가격을 산출하는 솔루션을 개발했다. 그리고 현업에 솔루션 사용법을 알려주면서, 젊은 미래 우수 고객을 위해서는 점유율을 극대화하는 가격을, 나이 많은 고객에게는 수익성을 극대화하는 가격을 사용하도록 매뉴얼을 작성하고 솔루션을 제공했다. 하지만 현업은 이를 잘못 이해하고 전체 고객에게 수익성을 극대화하는 가격 정책을 수행했다. 결과적으로 단기간의 수익은 다소 높아졌지만, 중장기 매출과

228

젊은 고객 점유율은 크게 떨어지고 말았다.

단적인 예시지만, 위와 같은 상황은 조직이 복잡할수록 생각보다 빈번하게 발생한다. 특히 업무 및 조직에 대한 순환이 빠르고 소속감이 낮을수록 전체적인 이해도가 떨어진다. 그리고 나중에는 서로 책임을 전가하는 경우가 많다.

성과가 나지 않는 이유에 대해 현업 담당자는 데이터 분석 팀에서 프로그램을 잘못 개발한 탓이라고 주장하고, 시스템 팀은 현업이 제대로 활용하지 않았기 때문이라고 여긴다. 또한 개발자는 설계를 잘못해준 분석 팀의 문제라고 생각하고, 분석 팀은 기초 데이터를 잘못 제공한 데이터 팀의 잘못이라고 생각한다. 모든 말이 그럴듯하게 들리고, 정확한 원인을 밝혀낼 여유는 없다. 결국 '차라리 기존 방식대로 진행해서 비난받더라도 다 같이 받자. 그럼 그냥 내 할 일만 하면 되겠지'라고 생각한다.

전략적 의도

다음은 한 오페라 지휘자의 경험담이다. 어느 날 그는 중요한 공연을 앞두고 연주할 곡에 대해 오케스트라 단원들에게 열심히 설명하고 있었다. 극중 주인공이 처한 어두운 상황과 사회적 맥락을 설명하고, 이를 표현하기 위해 오케스트라가 얼마나 처절하게 연주해야 하는지 공들여 설명했다. 이야기를 마치고 지휘봉을 들려고 하는데, 한 호른 연주자가 퉁명스럽게 물었다. "마에스트로, 됐고요. 그래서 메조포르테로 내란 말이에요, 아니면 포르테로 내란 말이에요?"

대부분의 오케스트라 단원은 자신이 연주하는 극의 내용을 모른다고 한다. 자신이 연주하는 부분에 무대 위에서 어떤 이야기가 전개되는지 알지 못하며 관심조차 없다. 이들의 관심사는 그저 이번 연주 연습 수당은 얼마이고, 저 주역 가수의 개런티는 얼마인지 정도이다.

현대 오케스트라에서 연주자들은 예술가가 아닌 한낱 부속품에 불과한 존재로 간주된다. 이들을 탓할 수도 없는 것이, 오랜 경험을 통해 '곡을 이해하는 것은 시키는 대로 연주하는 데 방해만 된다'고 학습되었기 때문이다.

유사한 상황이 비즈니스에서도 벌어진다. 시스템 프로젝트의 단점은 시스템 구축이라는 결과물이 나온 뒤, 턴키 방식(Turn-key, 사용자가 최종 단계에서 키만 돌리면 모든 시스템이 가동되는 상태로 인도하는 방식)으로 현업에 공이 넘어간다는 것이다. 현업은 타 부서에서 만든 시스템의 구축 과정을 모르며 어떤 의도에 의해 연구하고 결과물이 나왔는지 모른다. 따라서 매뉴얼을 글자 그대로만 해석할 뿐, 그것이 쓰인 맥락이나 배경 등은 깊이 고민해보지 않는다.

필자는 한 온라인 화장품 쇼핑몰 기업의 데이터 분석을 수행했다. 그 결과 A 고객군을 타깃팅해 묶음상품 할인 전략을 주기적으로 수행하는 솔루션을 제공했다. 당시의 전략적 의도는 이러했다. A 고객군은 가격에 매우 민감해 조금이라도 저렴한 쇼핑몰에서 대량으로 구매할 의향이 있었다. 따라서 이 고객군에게 경쟁사보다 가장 저렴하게 공급하되 여러 개를 묶음으로 많이 판매하는 전략을 수행하도록 한 것이다.

그러나 솔루션이 이관되고 실제로 마케팅을 기획하는 현업은 이러한 사실을 전혀 전달받지 못했다. 공교롭게도 해당 화장품은 묶음 상품이 안 되는 브랜드였다. 담당자는 매뉴얼에 '묶음 상품 할인'이라고 나와 있기 때문에, 해당 고객군은 할인에 민감하니 할인해 주면 된다고 생각해 개별 상품을 할인하여 판매했다. 그 결과 그 고객군에게 대량 판매할 수 없었고, 의도하지 않았던 고객군이 체리피커처럼 반응하며 마케팅 수익성이 악화되었다.

필자의 의도와 전혀 다른 결과였다. 전략의 초점은 '대량 판매'에 있었지만, 담당자는 단순한 '할인'으로 인식한 것이다. 이러한 경우에는 임기응변을 발휘해 '2개 구매 시 1개 추가 증정'과 같은 묶음 상품과 유사한 마케팅을 펼쳐야 했다. 그러나 그것은 전체적인 시스템 의도를 모르는 담당자에게 기대하기 어려운 조치였다.

조직에서는 일반적으로 자신이 맡은 일에만 관심을 갖고 자신이 해야 할 범위에만 집중한다. 할당된 업무에 수동적으로 반응해 일하는 사람에게 전체 흐름까지 이해하길 기대하는 것은 무리이다. 그러나 현대의 빅데이터 시대는 자신의 분야에만 충실해서는 전체적인 성과가 나지 않는다. 비즈니스적 용어인 '전략적 의도'를 조직원 모두가 명확히 알고 있어야 성과를 낼 수 있다. 아무리 정교하게 매뉴얼을 작성하더라도 실행 과정에서 발생하는 돌발 상황에 대해 일일이 대응 방법을 지시할 수는 없기 때문이다.

전략을 성공적으로 수행하기 위해서는 조직원 전원이 전체적인 맥락을 이해하고 유기적으로 움직여야 한다. 이러한 이유로 구글에서는 한 조직을 전략 공유가 원활한 7~8명의 소규모 팀으로 구성한다.

데이터 분석가는 마에스트로와 같은 역할을 한다. 데이터 분석 결과를 활용해 성과를 내기 위해 다양한 조직의 역할을 조화롭게 실행시키는 연주를 하는 것이다. 구글에서 가장 영향력 있는 데이터 분석가에게 전권을 이양하는 것도 바로 이러한 이유에서이다. 큰 기업의 조직은 대부분 새로운 일을 귀찮아하며 자신의 일에 방해가 되지 않는 범위 내에서 소극적으로 수행하려고 하는데, 이러한 조직의 변화 관리를 하는 것도 데이터 분석가의 몫이다.

해결 방안 1. 분석 전문가 집단 양성

앞서 살펴본 바와 같이, 큰 기업에서 빅데이터가 성공하기 어려운 가장 본질적인 이유는 활용하는 사람과 분석하는 사람이 다르기 때문이다. 데이터 분석처럼 단계가 많고 복잡한 과제(Task)는 프로세스를 명쾌하게 알고 막힌 부분을 해결하는 분석 전문가 키맨(Keyman)이 필수적인 존재이다.

비즈니스 담당자가 IT 역량을, IT 담당자가 비즈니스 역량을 동시에 보유한 경우는 드물다. 일반적으로 둘은 서로 다른 영역이라고 간주된다. 사실 비즈니스 역량과 IT 역량은 인간의 상반된 정신 영역에 해당한다. 비즈니스 영역은 주로 인간 심리에 기반한 경영 기획(마케팅, 영업, 개발 등)을 창의적으로 수립하는 반면, IT 역량은 프로그램을 논리적으로 개발해 오류를 줄이고 정확하고 안전한 결과를 내는 데 중점을 둔다. 그야말로 창과 방패와 같은 관계인 것이다. 따라서 두 가지 역량을 모두 갖추기란 매우 어렵다.

이로 인해 데이터 분석은 현실적으로 많은 난관에 부딪히게 된다. 비즈니스의 IT 역량이 낮으면 IT 담당자에게 휘둘리고, IT의 비즈니스 역량이 낮으면 현업이 의도한 것과 다르게 IT 편의에 맞는 시스템이 개발된다.

그러나 데이터 분석 시대에는 이러한 양쪽 역량을 모두 갖추고 각각의 부서와 원활하게 커뮤니케이션하는 역할이 필요하다. 그러기 위해서는 IT 및 비즈니스 담당자들에게 양쪽을 모두 경험할 기회를 주어 실력을 갖추게 하거나 외부에서 전문가를 영입하는 방안이 필요하다. 내부적으로 전문가를 양성하는 경우, 단순 교육보다는 직접 업무를 경험하게 하며 데이터 분석 전문가 집단을 길러내야 한다. 실제로 현업을 경험해보지 않은 데이터 분석은 죽은 분석이기 때문이다.

2014년 하버드 대학교의 컴퓨터과학입문 강좌에 820명의 수강생이 몰려 하버드 대학교에서 가장 인기 있는 강좌로 등극했다. 기술 과목이 하버드 대학교에서 가장 인기 있는 과목으로 등장한 것도 놀라운 일이지만, 더 놀라운 것은 이 과목이 학점 따기가 어렵다고 널리 알려져 있을 뿐만 아니라 대부분의 학생들에게는 수강하지 않아도 되는 선택 과목이었기 때문이다. 이 과목의 내용은 컴퓨터를 이용한 문제 해결 방법이다. 학생들은 논리적이고 효율적으로 문제를 해결하는 컴퓨터 과학적 사고 방법과 다양한 컴퓨터 언어를 구사해 프로그램 코드를 작성하는 방법을 배운다.

어째서 학생들이 컴퓨터 프로그래밍에 관심을 갖게 되었을까? 하버드 대학생 모두가 저커버그처럼 소프트웨어로 창업을 하려는 것일까? 그렇지 않다. 미래에 어떤 직업을 갖든지 코딩 능력과 컴퓨터 과학에 대한 이해와 지식은 기본적으로 갖고 있어야 한다는 것을 잘 알고 있기 때문이다. 물질과 정보가 과잉 생산되는 현대에는 이를 활용하는 데이터 과학자 같은 역할이 갈수록 중시되므로, 소프트웨어 영역을 전적으로 IT 전문가에게만 맡겨놓을 수는 없다는 인식에 도달한 것이다. 중립 지역인 데이터 가공 능력을 배양하기 위해서는 비즈니스, 인문학, IT, 통계 능력을 두루 갖추는 것이 필요하다.

해결 방안 2. 팀을 최대한 작게 유지

모바일 게임 '클래시 오브 클랜(Clash of Clans)'으로 유명한 핀란드의 게임 기업인 슈퍼셀(Supercell)은 2015년 기업 가치가 3조 원에 이르는 것으로 추산된다. 슈퍼셀은 '팀을 최대한 작게 유지하는 것'을 기본적인 성공의 법칙으로 삼는다. 사람이나 조직 프로세스가 너무 복잡하게 얽혀 있으면 성공과 거리가 멀어진다고 생각한 것이다. 하나의 게임을 론칭하기 위해서는 개발, 퍼포먼스 테스트, 기능 테스트 등 다양한 과정을 거쳐야 한다. 그런데 트렌드가 급변하는 현대 사회에서는 조직과 프로세스가 복잡할수록 경쟁력을 잃게 된다.

프로세스가 복잡할수록 의사소통 문제가 야기된다. 조직의 규모와 프로세스는 비례하기 때문에 조직의 규모를 의도적으로 줄이는 것이 필요한데, 안타깝게도 거대 조직 관념에 사로잡혀 있는 국내 기업은 조직 체계를 갖추느라 정작 중요한 성과를 내지 못하는 경우가 많다.

파킨슨의 법칙(Parkinson's Law) 중 하나인 '복잡화는 노후의 조짐'이라는 사실을 기억하자. 조직이 복잡해질수록 조직의 생산성과 효율성은 지속적으로 저하된다. 더욱이 분석과 활용을 유기적으로 수행해야 하는 빅데이터 조직은 작고 긴밀하게 구성해야 한다. 대마필사(大馬必死), 즉 조직은 무조건 작아야 한다. 이는 다음에서 이야기할 조직 문제와도 연결된다.

기업의 조직과 관성

조직의 병목현상을 찾아라

사업 간 이해관계: SK텔레콤의 싸이월드, 메시지 서비스 실패

2000년대 초반 국내 소셜 네트워크의 헤게모니를 장악하고 있던 싸이월드는 어떻게 한순간에 페이스북, 카카오톡에 그 주도권을 내주게 됐을까? 근원은 모기업인 SK텔레콤 전략의 영향권에서 찾아볼 수 있다. 싸이월드를 운영하는 SK커뮤니케이션즈 입장에서는 국내

1위 이동통신사인 SK텔레콤의 자회사란 점이 겉으로는 유리해 보였지만, 두 가지 면에서 크나큰 악재였다.

첫째, 스마트폰 환경 적응에 뒤처졌다. 2009년 말 아이폰 3GS가 국내에 처음 출시됐을 때 SK텔레콤은 아이폰을 유통하지 않았다. 따라서 SK커뮤니케이션즈는 아이폰을 애써 외면했으며, 싸이월드는 스마트폰 환경에 관심을 기울이지 않았다. 많은 SNS 기업들이 스마트폰을 새로운 기회로 보고 전폭적으로 투자하는 동안, SK커뮤니케이션즈는 관망만 할 뿐이었다.

이때 페이스북이 당시 무주공산과 같은 스마트폰 환경에서 젊은 얼리어댑터들을 모두 흡수했다. SK는 자연히 글로벌 트렌드도 놓치고 개발력도 뒤떨어져 SNS 주도권을 잃게 되었다. 뒤늦게 싸이월드 모바일 버전 확대에 애썼지만 이미 늦은 뒤였다.

둘째, 메시지 서비스 확대에 실패했다. SK커뮤니케이션즈는 카카오톡보다 기술력도 더 높고 이용 고객층도 두터운 메신저인 '네이트온'을 보유했지만 모바일 서비스로 확대하지 않았다. 모회사인 SK텔레콤의 문자 메시지 매출이 떨어질 것이란 이유에서였다. 그 사이 카카오톡은 스마트폰 환경의 간단한 메신저 서비스를 개발해 플랫폼을 확대하고 급성장해 손쉽게 우월적 지위를 점했다.

SK커뮤니케이션즈에서 싸이월드와 네이트온의 거대한 고객층을 이용해 간단한 가입 절차로 모바일 서비스를 가입시키고 전화번호 네트워크만 활용했어도 시장을 쉽게 장악할 수 있었으나 시장은 이미 카카오톡의 손에 넘어갔다.

SK커뮤니케이션즈가 처음부터 이런 시장 기회를 몰랐기에 앉아서 당한 것일까? 그렇지 않다. 대기업이라는 테두리에 갇혀 있으면 정치적인 내부 문제에도 신경 써야 하고, 사고력에도 제한이 가해진다. 한동안 컵에 갇혀 있던 벼룩이 컵을 치워도 컵의 높이까지만 뛰어오르게 되는 것처럼 변화를 이끄는 능력은 상실되기 쉽다. 따라서 대기업의 테두리는 IT 서비스처럼 진입 장벽이 낮은 산업에서는 신기술을 역동적으로 받아들이는 데 위험요소가 될 수 있다.

실제로 싸이월드가 SK에 인수되면서 수많은 유능한 인재가 SK커뮤니케이션즈에 합류했다. 그러나 그 후 싸이월드의 실적은 인수되기 전보다 훨씬 떨어졌다. 만약 싸이월드가 SK그룹에 속하지 않고 단독으로 서비스했다면 어땠을까? 막대한 자금력을 동원할 순 없었겠지만, 적어도 환경에 민감하게 대응하고 빠른 의사결정을 통해 고객이 원하는 서비스를 개발하고 추진했을 것이다.

플랫폼 기반의 IT 서비스는 정교함보다 스피드가 더 중요하다. 대기업이라는 족쇄를 차고 날렵한 플랫폼의 하이테크 기업들을 상대한다는 것은 출발선에서 이미 큰 핸디캡을 안고 있는 것이다.

특히 굴뚝 기업(Brick-and-Mortar)으로 시작한 오프라인 대기업은 온라인 환경의 서비스에 제약사항이 많다. 미국의 제이시페니(JC Penney)나 메이시스(Macy's)처럼 거대 백화점, 마트가 온라인 시장에 뒤늦게 뛰어들어 장기적인 성장 기회를 놓치기도 하고, 스테이트 팜(State Farm)처럼 오프라인 영업을 하던 보험 회사가 온라인 다이렉트 보험 시장에 뛰어들 타이밍을 놓치기도 하며, 마이크로소프트

(Microsoft)가 오피스 시장의 헤게모니 때문에 모바일 오피스의 개발을 진행하지 않는 일도 있다. 여기에는 중장기적인 기업의 수익을 고려해 자기 잠식(Cannibalization)을 줄이고 새로운 시장에 진입하려는 측면도 있지만, 기업의 관성에 의해 새로운 서비스 개발이 어려운 경우가 대부분이다.

조직 간 이해관계: 마케팅과 영업

한 글로벌 스포츠웨어 기업에서 마케팅 계획 수립을 위해 데이터 분석을 수행했다. 데이터 분석 결과는 현재 개발도상국에서 특징적고가 제품에 대한 니즈가 급격히 증가하고 있는데 공급이 못 따라가고 있다는 것이었다. 따라서 가장 시급한 과제는 개발도상국의 메이저 유통사 중 하나를 선정해 신속히 배포하는 것이었다. 따라서 마케팅 팀에서는 제품 조달과 유통사 조사의 지원을 요청했다.

그러나 이 요청은 거절당했다. 무엇보다 IT 및 마케팅 팀의 위상이 낮은 이유가 컸다. 조직의 임원을 설득해 전체적인 업무에 탄력을 받아야 함에도 조직의 정치적인 문제로 이것이 가능하지 않을 때가 많다. 영업, 물류 등의 본 업무에 의해 영향을 받거나, 자신의 일이 아니라고 생각해 리스크를 떠안기 싫어하는 조직의 관성이 작용하기 때문이다. 설령 임원의 드라이브를 받더라도 업무에 얽힌 이해관계자가 많으면 견제와 시기에 걸려 넘어진다. 조직 문화의 영향으로 충돌이 생기고 많은 제약에 부딪히기도 한다. 결국 성과를 낼 수 있는 훌륭한 전략임에도 불구하고 수행하지 않고 기존 방식대로 하는 경우가 비일비재하다.

　데이터 분석은 결과가 항상 프로그램 변경, 시스템 구축, 자동화 등 IT적으로 도출되는 것은 아니다. 마케팅 전반에 걸치고, 영업, 생산, 물류, R&D 등 전 영역에서 도움을 받아야 하는 경우도 있다. 이때 수많은 이해관계자를 설득하고 데이터 분석 결과를 활용하려면 대단한 용기와 추진력이 필요하다. 따라서 주로 대기업에서는 많은 데이터 분석과 마케팅 기획이 이뤄짐에도 실제로 실행하지 '않는' 경우가 많다.

관성의 법칙

필자가 상담한 한 글로벌 IT 기업은 데이터 분석 마케팅 시스템 구축에 수백억을 쏟아부었지만, 조사 결과 그 후 1년간 단 한 건의 마케팅도 실행하지 않았다. 빅데이터를 거창하게 포장해 외부에 광고했지만, 결국 흐지부지 마무리되었다. 뿐만 아니라 대부분의 국내 대기업의 마케팅 부서에서 열심히 조사하고 분석하고 기획하지만 대부분 이를 실행하지 않고 낭비하는 것으로 나타났다.

　데이터 분석 팀은 실행하기를 꺼린다. 마케팅전략 팀도 마찬가지이다. 기업이라는 울타리 안에 있는 조직에 최악의 경우는 회사에서 해고당하는 것이다. 최악의 경우를 피하고 싶으면? 실행하지 않으면 된다. 대부분 기업의 영업, 마케팅, 생산 등 전 부서는 기존에 하던 대로 진행하려는 경향이 있다. 되도록 새로운 시도를 하지 않는 것이다. 거대하게 준비하고 분식하고 거액을 투자해 시스템을 만들어도 실제로 활용하지 않는 이유이다. 수행했다가 잘되는 경우의 이득보다 실패할 경우 돌아오는 리스크(해고)가 더 크기 때문이다. 한마디로, 회사의 이익보다는 조직 윗사람의 눈에 들게 일을 처리하는 것이 자신에게 더 이득이 된다.

기업은 쓰러지기 직전까지 절대 기존 방식을 바꾸지 않는다. 그러나 쓰러지는 상황이 오면 이미 늦은 것이다. 기존 시장이 쇠퇴하면 그 시장을 붙잡고 함께 쇠퇴해가며 운명을 같이한다. 케이마트, 라디오색(RadioShack), 노키아(Nokia), 제이시페니 등 한때 세계를 주름잡았던 대기업들이 몰락하는 과정에서 보인 공통점이다.

빅데이터 분석의 성공 사례가 드문 이유도 이와 같다. 실제로 실행해보지 않았기 때문이다. IT 팀이나 마케팅 팀 모두 검증되지 않은 것을 실행하고 싶어 하지 않는다. 결과가 잘못 나올까봐 두렵기 때문이다. 실행하지도 않았는데 어떻게 검증할 수 있겠는가? 기업들이 소규모 테스트나 신기한 통계 결과를 언론에 공개하며 고작 '성장 가능성을 발견했다'거나 '첨단기술을 사용하는 혁신 기업'임을 내세우는 것이 전부인 이유가 바로 이 때문이다.

해결 방안 1. 경영진의 변화

2014년 현대자동차그룹은 삼성동의 한전 부지를 10조 원에 인수했다. 삼성전자가 5조 원 안팎으로 입찰한 것으로 알려진 데 비하면 약 두 배 가까이 되는 비용을 투자한 것이다. 얼핏 보면 터무니없이 입찰액을 낭비한 것처럼 보이지만, 이러한 투자가 잘못된 것일까?

240

현대자동차가 개인의 사기업은 아니나, 자본주의에서는 소유주 및 경영진의 권리로 투자를 결정할 수 있기 때문에 투자 타당성을 논하는 것은 사실상 무의미하다. 소유주 사치재로서의 가치인지, 자동차 강국으로서 랜드마크 건설의 가치인지는 알 수 없지만, 분명한 것은 이것이 소유주 및 경영진의 의지가 의사결정에 확실히 반영된 투자라는 점이다.

이는 빅데이터의 미래에도 해당된다. 국내에 생소한 데이터 분석을 경영에 접목시키기 위해서는 경영진의 빅데이터 이해가 충분히 높아야 하며, 동시에 경영진의 확고한 지지가 필요하다.

국내 굴지의 패션 유통 대기업의 IT 팀에서 마케팅을 위한 데이터 분석을 수행했다. 데이터 분석 결과, 편집 숍 형태의 브랜드 의류 온라인 숍, 그리고 직장인 여성을 타깃으로 한 대형 SPA에 대한 큰 니즈가 도출되었다. 분석 시스템은 유행이 예상되는 제품 디자인 및 브랜드를 실시간으로 도출해냈으며, 편집 숍에 갖춰놓기 위한 브랜드도 매주 추출했다. 온라인 쇼핑몰 업그레이드와 오프라인 SPA 진출 준비가 필요한 시점이었다.

그러나 이는 결국 수행되지 않았다. 가장 큰 이유는 경영진의 무관심이었다. 고위 경영진은 주로 브랜드 MD 또는 영업으로 성과를 이룬 사람들로 구성되어 있었는데, 그들은 전통적 패션 유통의 편향성 때문에 편집 숍 및 SPA에 대한 이해가 부족해, 그 효과에 의구심을 가졌다. 결국 새로운 시장에서의 헤게모니를 확보할 기회를 놓쳤으며 성장은 정체되어있디.

또한 주식회사가 상장되고 소유와 경영이 분리되면서 단기 재무 성과에 지나치게 매몰된 경영진이 늘어났다. 경영진은 자신들이 잘 모르는 사업 방식은 실행하지 않았으며, 경영 헤게모니를 빼앗기고 싶어 하지도 않았다. 그들의 눈에 IT 팀은 하나의 지원 조직에 불과하며 온라인은 조그만 유통망일 뿐이었다.

대부분의 기업에서 아직도 이와 같이 IT 조직을 단순히 주요 핵심 조직을 지원하는 역할로 한정 짓는 경우가 많다. 경영진이 데이터 분석을 이해하지 못하고 지원에 소극적이면 절대로 성과를 낼 수 없다. 데이터 분석은 경영진의 역량에 크게 영향을 받으므로 경영진을 이해시키고 설득하는 과정을 피할 순 없다. IT 기업인 구글이나 아마존 또는 마케팅 기업인 P&G나 J&J와 같이 전통적 마인드에서 벗어나 데이터 기반 마케팅의 사업을 하는 경우가 아니라면, 1차적으로 경영진의 변화를 이끌어내는 것이 빅데이터의 성패를 좌우한다.

해결 방안 2. 역할과 권한이 분명한 독립 조직

외부의 공격에 끄떡없는 벙커를 구축하라

규모가 큰 조직은 '안정적'이라는 장점도 있지만, '보수적'이라는 단점도 있다. 보수적인 조직 문화는 창의력을 제한한다. 그렇다면 보수적인 조직 문제를 해결하는 방법은 무엇일까? 바로 '경영진의 추진력에 힘입은 독립적 조직 구성'이다.

소비자 분석으로 로열티(Loyalty) 클럽 카드를 성공시킨 테스코도 처음에는 많은 반대에 부딪혔다. 당시 임원들 대부분은 생소한 멤버십 제도 운영과 고객 데이터 분석이 자원 낭비일 뿐이라고 여겼다. 그러나 기업의 핵심 역량을 '데이터 분석'으로 보았던 테스코의 CEO는 기업의 자원을 투자해 이를 인큐베이팅하기로 결심했다.

이에 CEO는 강력한 추진력을 발휘해 타 조직과 격리된 '벙커(The bunker)'라는 프로젝트 팀을 구성했다. 그리고 이 팀에 어떠한 외부의 제약도 없이 독립적으로 소비자를 분석하고 서비스를 개발할 것을 지시했다. 일부 유통업자와 영업, 마케팅 담당자들의 반대가 있더라도 데이터 분석 프로젝트를 진행하는 것이 기업의 중장기적 미래를 위해 필요하다고 보았기 때문이다. 결국 독자적인 분석 모델을 구축해 마케팅을 수행한 테스코는 이후 단기간의 실적 저하를 만회하며 영국의 소매 유통 시장을 장악할 수 있었다.

조직은 하나의 유기체이다. 시시각각 변화하는 비즈니스 환경에 맞춰 바뀌어야 하는 존재인 것이다. 조직이 경직되어 있으면 죽은 것이나 다름없다. 따라서 전략을 이해하는 조직 관리자(Organizer)는 꾸준한 커뮤니케이션을 통해 수시로 유기적 질서를 갖추는 것이 필요하다.

과거에 영업과 생산 위주의 조직이었다면 현대의 데이터 기반 비즈니스에 적응하기 위해 마케팅 및 데이터 플랫폼 위주의 조직으로 변화할 필요가 있다. 이를 위해서는 데이터 분석 기반 전략 조직의 권한과 책임을 명확히 하고, 각자의 장점을 잘 살릴 수 있는 팀 제도를 갖추는 것이 필요하다.

현대의 글로벌 IT 서비스 기업에서는 기업 내 소규모 독립 조직을 인큐베이팅하는 경향이 강하다. 미국 실리콘 밸리에서 역사가 오랜 대기업보다 기술 기반의 독립적 소규모 벤처 기업이 성장하는 이유도 이와 같다. 독립적인 조직에서만이 외부 압력으로부터 자유로워 목적에 집중할 수 있기 때문이다.

일반적으로 국내 기업의 IT 조직은 여러 가지 업무를 맡는다. 여러 업무를 하다보면 데이터 분석은 뒷전이 되기 십상이다. IT 시스템 장애 등으로 본업에 당장 영향을 주는(즉 담당자에게 직접 피해가 가는) 일이 아니기 때문이다. 따라서 데이터 분석은 점차 관심사에서 멀어지고 IT 조직은 가끔씩 얕은 수준의 분석만 수행하게 된다.

데이터 분석의 전 프로세스가 원활히 돌아가게 하려면, 목표를 분명히 한 독립적인 데이터 분석 조직을 구성하고 필요한 권한들을 이양해야 한다. 동시에 타 부서들과 꾸준한 의견 일치(Consensus)를 형성함으로써 핵심 역량으로 발전시키는 활동이 필요하다.

아무리 강조해도 지나치지 않은 초기 성과

미국의 온라인 쇼핑몰인 주릴리(Zulily.com)는 2014년 1조 4,000억 원의 매출을 기록하며 그루폰(Groupon)의 두 배에 달하는 시가 총액을 기록했다. 주릴리는 머신러닝과 데이터 가공 및 분석 기술을 회사의 핵심 역량으로 내세운다. 수백만 장의 홈페이지 디자인 설계에서부터 광고 이메일, 모바일 앱, 상품 구성까지 모두 데이터 분석을 통해 개인화된 서비스를 제공하는 것이다. 빅데이터 분석에서 성과에 이르기까지 데이터 분석의 모범 사례로 꼽을 만한데, 주릴리도 처음부터 막대한 자본을 가진 경영진의 후원에 힘입어 성장한 회사일까?

2010년에 설립된 주릴리는 육아용품을 주로 취급하는 조그만 소셜 커머스 회사였다. 초기에는 거래처나 데이터가 부족해 사업을 확장하는 데 어려움을 겪었다. 따라서 주릴리는 개성이 강하고 파급력이 센 젊은 엄마 고객을 타깃으로 삼아 그들이 필요로 하는 상품과 브랜드만 집중적으로 유치했다.

이후 입소문이 나면서 고객이 늘고 데이터가 쌓이자, 데이터를 분석해 개인화된 마케팅을 시작했다. 매출이 늘어남에 따라 유명 브랜드들도 하나둘 주릴리에 합류했으며, 판매량과 상품군도 지속적으로 늘어났다. 그뿐만 아니라 데이터가 증대되면서 분석 역량도 강해지는 선순환이 시작되었다. 2010년 설립 이후 주릴리는 매년 100퍼센트 넘는 매출 성장을 기록했는데, 그 원동력은 바로 '초기 성과'였다.

마케팅 이론 중에 '볼링앨리 전략'이라는 것이 있다. 처음에 맨 앞의 볼링 핀을 맞혀 쓰러뜨리면 그 볼링 핀이 뒤의 볼링 핀들을 차례로 쓰러뜨리게 하는 전략이다. 즉 초기에 성과가 나면 그 수익을 재투자함으로써 시장을 확대해나가는 것이다. 이 전략은 초기 성과만

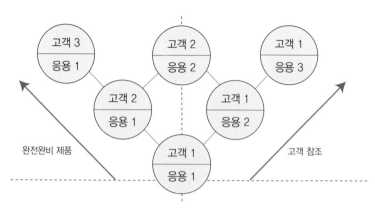

볼링앨리 전략

선두의 볼링 핀을 쓰러뜨려 실행 고객을 확대하고 응용을 넓힌다.

이룰 수 있다면 자본력이 취약한 벤처 기업이라도 리스크 없이 사업 확장을 진행할 수 있다. 현대의 B2C 산업에서는 기업이 초기에 무리하게 집중 투자하는 것은 절대 좋은 전략이 될 수 없다.

빅데이터는 의심이 많다

한 국내 유통 기업에서 필자에게 빅데이터 분석을 의뢰한 적이 있다. 필자는 프로젝트에 앞서 경영진에게 기존의 분석 성과를 설명하며 그들을 이해시키고 프로젝트에 착수했으나, 대부분의 경영진은 빅데이터의 성과에 대해 한동안 회의적인 태도를 보였다. 그 이유는 주로 "우리 회사는 매우 독특하기 때문에 기존의 케이스와 다르다. 다른 곳에서는 성과가 났더라도 이번은 쉽지 않을 것이다."

"내가 이제껏 걸어온 길과 다르다. 성패는 무조건 영업에 달려 있고, 성과를 내는 방법은 발로 뛰는 것밖에 없다." "우리 산업에 대한 경험이 있는가? 내가 업계에 수십 년 있어봤는데, 데이터 마케팅은 다 실패하더라."

이러한 반응에 필자는 파일럿 마케팅 실행을 무조건 앞당겼다. 아무리 논리적으로 경영진을 설득하더라도 그들이 이해하는 데는 한계가 있어, 성과를 보여주는 것이 최우선이었다. 마케팅 기획, 수행, 결과 분석까지 마친 후 성과를 발표하자, 기존보다 두 배 이상 높아진 결과를 확인한 경영진은 그때서야 데이터 분석의 효과를 인정했다. 이후 탄력을 받은 프로젝트는 거침없이 진행되었으며 빅데이터를 활용한 모듈은 마케팅, MD, 영업 등에 다양하게 활용되었다.

독립적인 빅데이터 분석 조직만 있으면 성과가 나고 롱런할 수 있을까? 현실적으로 경영진이 반신반의하는 대부분의 상황을 어떻게 해결할 것인가? 방법은 초기 성과밖에 없다. 경영진이 데이터 분석의 논리를 이해하지 못하고 믿음을 갖지 못하는 것은 어찌 보면 당연하다. 경영, 통계, IT 기술에 대한 제반 배경 지식과 경험이 부족하기 때문이다. 이는 몇 차례의 설명만으로 해결될 문제가 아니다.

일단 작은 수준이라도 빠르게 성과를 보여야 한다. 성과를 확인한 경영진은 태도가 바뀌고 적극적으로 이해하려 들며 전폭적인 지지를 보낸다. 그다음부터는 선순환에 들어가 데이터 분석이 탄력을 받고 조직의 위상도 높아진다.

데이터 분석 기반 의료 기술 벤치 기업인 네오펙트(Neofect)는 초기에 벤처 캐피털의 투자를 받는 데 큰 어려움을 겪었다. 뇌졸중 환자의 동작을 감지해 학습 훈련 효과를 높이고 데이터 분석으로 종합적인 치료 프로그램을 제시하는 방식이 기존의 의료업계 전문가나 관련 투자자들에게 이해가 되지 않은 것이다. 아무리 논리적으로 설명해도 투자자들은 외면했다.

네오펙트로부터 자문 요청을 받은 필자는 두 단계로 성과를 내는 방법을 제안했다. 첫 번째는 실제로 환자에게 적용해 성공적인 임상 실험 결과로 증명하는 것이고, 두 번째는 자사 제품이 유명 병원, 기관, 재활원에 판매되어 재무적으로 성과가 일어나는 것을 보여주는 것이다. 전자는 소비자에게 초기 성과를 보여주는 것이고, 후자는 투자자에게 초기 성과를 보여주는 것이다.

네오펙트는 임상 실험을 최우선적으로 실행했고, 공신력 있는 저널에 결과를 실어 효과를 입증했다. 이를 접한 소비자들은 네오펙트의 제품을 테스트해보고 그 효능에 만족했다. 그런 다음 네오펙트는 국립재활원, 삼성병원 등 유명 병원에 제품을 판매해 실제로 매출을 일으켰다. 이후 회사의 성공 가능성을 보고 적극적으로 투자를 희망하는 이들이 몰리며 네오펙트는 유리한 조건으로 투자를 받고 고급 인력을 유치하는 등 성장궤도에 올랐다.

작은 스타트업은 선순환에 안착하기가 매우 어렵다. 자본과 입지가 부족해 인재도 모이지 않는 악순환에 빠지기 마련이므로 당장 돈이 되는 방향으로 외도하기 쉽고, 이에 기업의 상황은 계속 악화된다. 벤처 캐피털에서 하이테크 기반 회사에 '가속(Acceleration) 프로그램'으로 투자를 고려할 때 가장 중요하게 보는 것이 '매출이 발생하는가'이다. 즉 아무리 적더라도 핵심 제품의 판매가 이루어지면 가능성 있는 회사로 인정받는 것이다. 반대로 말하면 그만큼 초기 성과를 이루기가 어렵다는 것인데, 이러한 초기 성과는 빅데이터 분석에서도 꼭 필요한 과정이다.

초기 성과를 보이지 않으면 기나긴 고난의 행보를 해야 한다. 그러니 한 번에 잭팟을 터뜨리려 하지 말고, 초기 성과에 집중하라. 그러면 다음 단계는 자연스럽게 해결될 것이다. 초기 성과를 내기 위해서는 작은 것이라도 많이 시도하며 실패를 경험해보는 것이 필요한데, 이에 대해서는 다음에서 설명하겠다.

실패를 해야 성공한다

유명한 스마트폰 게임 중 하나인 '앵그리버드(Angry Birds)'가 개발 초기부터 대박 게임의 조짐을 보인 것은 아니다. 처음에는 시장성이 전혀 없는 조악한 캐릭터였지만, 개발하면서 조금씩 다듬어나간 결과 지금의 '앵그리버드'가 탄생했다.

'앵그리버드' 개발업체인 로비오(Rovio)는 다음 세 가지에 주안점을 두고 있었다. '실패하려면 빨리 실패하자', '실패에서 오는 리스크가 없어야 한다', '실패는 성공에 반드시 영향을 미쳐야 한다'. 로비오의 성공 방식은 서버에 게임을 띄운 후 대중에게 피드백을 받고 빠르게 수정 작업을 한 뒤 다시 새로운 게임을 띄우는 방식이었다.

이 과정을 데이터 분석에 적용해보자. 열심히 준비하는 것도 중요하지만, 사전에 모든 리스크를 없애는 것은 현실적으로 한계가 있다. 데이터 분석을 어느 정도 마치면 빠르게 실행에 옮겨 불확실성을 제거해야 한다. 실행하지 않으면 실패할 수 없으며 따라서 성공할 수 없다. 초기 성과를 내고자 한다면 가능한 한 실행해야 한다.

국내 소셜 커머스 선두 기업인 티몬은 제품을 등록, 배치하고 프로모션 및 가격을 결정하는 데 AB 테스트를 적극적으로 활용한다. AB 테스트의 장점은 무엇일까? 일반적으로 마케팅 수행 시 실험군과 대조군을 명확히 설정할 수 없고 이에 대한 재무적 성과도 어느 정도인지 측정하기가 어렵다. 하지만 AB 테스트를 하면 결과를 빠르게 얻고 성과를 명확히 비교할 수 있다. AB 테스트를 통해 성과를 빠르게 보여주면 의사결정도 신속해진다.

지나치게 이상적인 목표의 위험

"인류 평화를 위해 노력하자."

이 말에 반대할 사람이 있을까? 모두가 찬성할 것이다. 문제는 어떻게 할 것이냐이다. 공허한 구호처럼 인류 평화만 외칠 것이 아니라, 구체적으로 어떻게 진행해나갈지 고민하고 실천해야 한다.

데이터 분석도 마찬가지이다. 많은 기술 애호가들은 지나치게 이상적인 목표를 세워놓고(예를 들면 "고객별 개인화 마케팅을 머신러닝 기술로 최적화하자!") 그것을 달성하려 시도하다가 처음부터 난관에 봉착하며 좌절하곤 한다. 데이터 분석은 실제로 작동해 가치를 내지 않으면 아무 소용이 없다. 그렇지만 많은 IT, 통계 전문가들은 이상적, 관념적 사상에서 연구하며 현실에 적용하는 고민에 소홀하다.

한 종합 패션 유통 기업에서는 고객 개인별 최적 프로모션 금액을 찾기 위해 꾸준히 쿠폰을 발송해 분석하는 프로젝트를 구상했다. 3,000원짜리 쿠폰을 지급해서 고객이 반응하지 않으면 금액을 올리고, 고객이 반응하면 금액을 낮춰서 고객별로 반응하는 최적 쿠폰 액을 찾아 수익성을 극대화하겠다는 계획이었다. 얼핏 듣기로는 그럴듯해 보여 아무도 반대하지 않았고, 많은 기대 속에 프로젝트를 수행했다.

결과적으로 프로젝트는 실패했다. 개인별 최적 쿠폰 액이 계속 바뀌어 최적화하는 것이 의미 없었으며, 5,000원짜리 쿠폰을 제공했을 때는 구매하지 않았는데 3,000원짜리 쿠폰을 제공했을 때는 구매하는 등 해석이 불가능한 고객이 너무 많았기 때문이다. 그 이유로는 크게 '외부 변수 요소'와 '데이터 부족'을 들 수 있다.

고객 입장에서 제품을 구매하는 데 영향을 미치는 요소는 수십 가지이다.

경쟁, 시기, 고객의 사정, 유행 등 무수한 변수가 있으며, 그 변수들을 모두 제거하고 '쿠폰 금액'만을 독립 변수로 설정하는 것은 불가능하다. 실험군과 대조군이 명백하지 않은 상황에서 쿠폰 금액 때문에 고객의 구매 또는 미구매가 일어났다고 결론짓는 것은 너무 큰 비약이었다.

또한 개인별로 쿠폰 발송 및 결과 데이터를 이해하려 한 것은 '사람의 뒷모습만 보고 그 사람을 판단하려' 드는 격이다. 개인별로 구매한 이력은 매우 적다. 이것만 가지고 개인을 판단하기에는 오차가 크다. 그렇지만 우리에게는 많은 고객의 데이터가 있다. 유의미한 고객 유형으로 분류하고 그 큰 데이터를 유형으로 이해하면 훨씬 정확해진다. 데이터 하나하나가 모여 큰 의미를 나타내는 것이 빅데이터 분석의 묘미이다. 이를 무시하고 개인으로 분석해 오류가 발생하고 효과가 낮을 수밖에 없었다.

초기 성과의 시작은 이상을 구체화하여 현실적인 목표를 만들어내는 데 있다. 너무 이상적인 지향점을 보고 나아가다 실패를 맛보고 추진 의지가 꺾여버리는 것은 주의해야 할 부분이다.

정리하자면, 빅데이터는 앞서 설명한 '조직의 관성' 때문에 실행에 옮겨지지 못하는 경우가 많은데, 이를 해결하기 위해 빅데이터를 안착시키는 것이 바로 초기 성과이다. 따라서 너무 이상적이지 않은 소규모의 실제 활용 가능한, 그리고 실패해도 무리가 없을 정도의 분석 및 실행을 빠르게 진행해 신속한 결과를 보는 것이 필요하다. 과거 오프라인 환경에서는 한 번의 실행도 큰 부담이 되었지만, 현대의 온라인 환경에서는 실행이 큰 리스크가 되지 않는다. 초기에 순발력 있게 개발하고 수행하는 추진력이 필요하다.

아마존의 클라우드와 쿠팡의 로켓 배송

아마존의 사명 선언문은 "사람들이 온라인에서 원하는 것은 무엇이든 제공하는 기업, 지구 상에서 가장 고객을 중요시하는 기업이 되자"이다. 아마존은 고객 중심의 유통 기업이다. 그러나 아마존은 일반 유통 기업과 다르게 B2B 클라우드 서비스(AWS, 아마존 웹서비스)를 제공한다. 아마존의 클라우드 서비스는 2015년 아마존 영업 이익의 약 3분의 1을 차지할 정도로 높은 수익을 올리고 있다. 전통적 경영 전략 관점에서 '유통 기업의 IT 사업 확장'은 (핵심 역량이 분산되기 때문에) 지양해야 할 방향인데, 아마존의 의도는 무엇이었을까?

아마존은 유통 산업에 속해 있지만 태생은 플랫폼 위주의 테크놀로지 기반 회사이다. 1차적으로 수요자와 공급자가 만나는 환경을 잘 구축하고 운영하는 것이 가장 중요했다. 이후에 공급자를 선별 및 관리해 서비스의 질을 높이고, 수요자의 니즈를 파악하고 공급을 확대하며 선순환에 올라 시장의 헤게모니를 획득할 수 있었다.

아마존은 이 과정에서 거대 데이터베이스 운영 기술과 정교한 소비자 마케팅 알고리즘을 확보할 수 있었다. 아마존의 핵심 역량은 이 두 가지이다. 그중 데이터베이스 운영 기술을 토대로 클라우드 서비스를 새로운 사업으로 추진했으며, 이는 성장 시장에서 높은 수익을 올리고 있다.

쿠팡은 아마존처럼 온라인 유통 산업에 속해 있지만 행보는 대조적이다. 쿠팡은 2015년 '로켓 배송 서비스'를 실시했다. 단순히 자사 제품 배송만 담당하는 소극적인 자세가 아닌, 거시 관점에서의 물류 산업에 진출한 것이다. 이는 유통에만 머무르지 않고 과감하게 영역을 확대하며 규모의 경제와 소비자 친화적 서비스를 신보이려는 의도이다. 반면 아직 플랫폼 IT 기술을 이용한 고객 서비스는 뚜렷한 모습이 드러나지 않은 상태인데, 그 이유는 무엇일까?

쿠팡의 핵심 역량은 지역 서비스 네트워크 및 상품 소싱 영업력이다. 지역 서비스(외식, 뷰티, 레저 등)의 대량 저가 구매 니즈에서 출발한 쿠팡은 고객 상대 경험과 노하우를 구축했다. 이를 바탕으로 고객의 니즈를 파악해 소비재 유통으로 확대했다. 그리고 이를 효율화하기 위해 물류까지 영역을 확대한 것이다. 쿠팡은 온라인 기업이지만 핵심 역량은 오프라인 고객 니즈를 포착하는 쪽에 가깝다. 따라서 쿠팡이 상대적으로 취약한 테크놀로지 기반 플랫폼 기술 및 분석 알고리즘보다는 전통적 제조-유통-물류 측면으로 접근하는 것은 당연한 수순이었다.

사람은 두 방향으로 동시에 걸어갈 수 없다. 기업도 마찬가지이다. 하나의 핵심 역량(두뇌)으로 여러 가지를 해결하려 하면 제약 사항이 따르고 비효율이 발생하게 된다. 기업은 태생부터 쌓아온 핵심 역량을 축으로 발전하는데, 어느 정도 성장궤도에 오르면 핵심 역량의 전환이 필요하며 그 과정에서 마찰을 겪게 된다.

현대 기업의 핵심 역량 전환의 많은 부분이 데이터 분석 기반 플랫폼화와 알고리즘화일 것이다. 자동화와 머신러닝 기술이 나날이 발전하고 있는 지금 임기응변식 전략 수행이나 단기 영업만으로는 살아남는 데 한계가 있다. 알고리즘화하면서 기업 시스템에 체득시켜놓지 않으면 언젠가 경쟁에서 뒤처지게 된다. 따라서 규모 확대 위주의 국내 제로섬게임을 지양하고 아마존과 같이 기업의 데이터 활용 역량과 지식 노하우를 자산화하여 글로벌 시장으로 나아갈 준비가 필요한 시점이다.

국내의 삼성이나 현대와 같은 대기업이 유통 및 서비스 사업에서 어려움을 겪는 이유가 무엇일까? 많은 요인이 있겠지만, 본질적으로 기업의 문화가 큰 영향을 준다. 기업의 핵심 역량은 조직 문화로 발전한다. 1,000개 중 1개가 살아남으면 성공하는 테크놀로지 기반 벤처 기업의 문화와 1,000개 중 1개라도 불량이면 큰 타격을 입는 제조 기업의 문화는 매우 다르다. 제조 기업이 서비스 산업으로의 발전을 위해 아무리 수평적이고 사업부 개성을 존중하는 환경을 만들려고 해도 조직 간의 이해관계, 상위 레벨에서의 경영 마인드 등으로 인한 문제가 발생한다. 핵심 역량을 바꾸기 어렵듯이, 깊이 뿌리 내린 조직 문화 또한 쉽게 바뀌지 않는다. 한두 명의 임원이 간간이 외친다고 되는 일이 아니다. 기업에서는 막연히 구글, 아마존 등 글로벌 IT 기업을 추종하기보다는 혁신을 통해 빠르게 마인드를 전환하는 퀀텀점프(Quantum-jump)가 필요하다.

현대의 글로벌 경영 환경은 물질과 정보 과잉의 현대 사회를 맞이해 인간의 개별 니즈를 찾아 다양하고 자유롭게 소규모로 분산되어 일하는 환경으로 변화하고 있다. 데이터 분석은 본질적으로 인간의 니즈를 찾아 해결하는 활동으로, 넓은 관점에서 이런 거시적인 경영 환경의 변화를 이루는 것 또한 빅데이터 성공을 위해 필요하다.

에필로그

"빅데이터를 신뢰하지 않는다."

많은 기업이 빅데이터의 중요성을 인정한다고 하지만, 리더들을 직접 만나보면 다음과 같은 속내를 털어놓곤 한다. "빅데이터는 과대평가되어 있으며 고객에게 가치를 전달하는 데 도움이 되지 않는다. 뭔가 그럴듯해 보이지만 실체가 없다." 현장에서 성과를 내본 전문가로서 말할 수 있는 빅데이터 무용론이다.

빅데이터의 효과에 대해 불신하는 사람들이 많다. 특히 현장에서 데이터 분석을 적용해보고 성과가 나지 않는 것을 경험한 다음부터는 데이터 분석 활용에 대해 병적인 거부 반응을 보인다. 현장 전문가들은 빅데이터에 열광하는 사람들을 '성과를 내본 적 없는 기술 신봉자 또는 혈기왕성한 애송이 진보주의자'라고 여긴다.

필자의 경험상, 데이터 분석을 실제로 활용해본 경우든 그렇지 않은 경우든 둘 다 많은 편견을 사시고 있다. 산업별, 기업별로 데이터의 종류와 규모, 깊이, 분석 역량, 활용의 타이밍, 접근 방법 등이 매우 상이하며 많은 변수가 존재한다. 빅데이터는 칼과 같다. 날카로운 칼이 어머니의 손에 들리면 정성스러운 음식을 만드는 요리기구가 되지만, 강도나 흉악범의 손에 들어가면 위험한 범죄 도구로 변한다. 빅데이터 역시 사용하는 사람과 목적에 따라 극과 극의 결과물이 생긴다. 따라서 어느 한 경우를 정형화하여 데이터 분석의 실패 또는 성공을 결정지을 수는 없다.

과거에는 정보 보유 수준이 낮고 활용 기술이 미숙해 데이터 분석으로 현업에서 성과를 내기가 어려웠다. 하지만 현대는 말 그대로 '빅데이터 시대'이다. 각종 인간의 활동 인식 기술이 발전하고 있고, 기록 데이터의 복잡성도 한층 강화되었다. 하드웨어 사양도 갈수록 발전해 저장 용량 및 처리 성능이 크게 향상되고 있다. 미래에는 유비쿼터스 기술로 인간의 거의 모든 활동이 데이터로 기록되어 보존될 것으로 예상된다. 소프트웨어 분석 기술은 어떤가? 하둡 기반의 분산 처리 플랫폼은 기존의 메인 프레임 서버 기반의 정형화된 데이터 분석의 한계를 뛰어넘어 빅데이터 분석 시대의 문을 활짝 열었다.

이제는 인간이 데이터와 도구를 이용해 활용하는 것만 남았다. 머리로 생각해 데이터를 활용하는 일이 인간에게 주어진 유일한 과제이다. 이는 로봇이나 알고리즘이 대신 해줄 수 없다.

"빅데이터는 겉만 요란하지 실체가 없다"라는 우려가 많다. 빅데이터가 소셜 데이터를 의미하는지, 기업의 축적 정보 또는 모바일 데이터, 웹로그를 의미하는지 또는 비정형 데이터만 빅데이터인지 저마다 해석이 분분하며 온통 혼란스럽다. 빅데이터 사업이 솔루션 개발인지, 애플리케이션 개발인지, 시스템 구축인지, 전략 수립인지도 모호하기만 하다.

하지만 어렵게 생각할 필요 없다. 빅데이터란 말 그대로 방대한 양의 데이터를 의미하며, 이 데이터를 활용해 성과를 내는 것이 우리가 당면한 문제이기 때문이다. 빅데이터의 실체가 무엇인지는 전혀 중요하지 않다. 우리는 데이터를 이용해 우리 인간의 삶을 윤택하게 만들기만 하면 된다.

과거 2차 산업을 중심으로 가공업에 집중해 기술력을 축적한 한국은 이제 대부분의 제조업이 중국 등 신흥국에 밀리는 상황이다. 전 세계적으로 하이테크 제조업의 치킨 게임이 진행되고 있으며 승자독식 현상이 뚜렷하게 나타난다.

한국은 반도체, IT 등의 분야에서 몇 가지 아이템만 헤게모니를 쥐고 있으며, 국가적 차원에서 전폭적으로 지원하고 있지만 이 또한 위태로운 상황이다. 앞으로는 이러한 하드웨어 플랫폼도 소프트파워에 의해 흔들릴 것이기 때문이다. 현대자동차가 스마트카 OS 플랫폼에 전력을 다하고, 삼성전자가 안드로이드 OS에 집중하는 것은 모두 소프트웨어 경쟁력을 갖춰 글로벌 경쟁에서 살아남기 위해서이다. 머지않은 미래에 삼성, 현대, 애플 등 제조업이 구글, 아마존, 페이스북과 같은 글로벌 IT 서비스업체와 경쟁하는 날이 올 것이다.

이러한 전쟁의 결과로 노동 집약적 제조 기반은 샤오미(Xiaomi), 하이얼(Haier) 등 중국 기업에 넘어가고 지식 집약적 활용 기반은 구글 등 미국 기업에 넘어가는 아찔한 상황이 올 수도 있다. 이러한 경제 전쟁의 성패는 더 이상 하드웨어를 정교하게 만드는 능력이 아니라 소프트웨어 역량에서 판가름 나게 된다. 이 중 중요한 경쟁력 중하나이자 지속적으로 성장 동력을 만드는 것이 바로 빅데이터를 분석해 가치를 창출하는 일이다.

필자도 한때는 다양한 기업의 전략 컨설팅을 하면서 데이터 분석의 가치를 평가절하했다. 그 이유는 데이터 분석으로 제대로 성과를 내는 것이 너무나 어려웠기 때문이다. 한국 대부분의 기업 문화는 실제로 의사결정을 내리는 경영인과 산업의 기술 핵심 인재들에 의해 움직인다. 어느 기업도 IT 서비스 분야를 핵심 역량으로 생각하지 않는다. IT 부서는 업무의 효율화, 자동화를 돕는 조연일 뿐이며 비즈니스에 미치는 영향력이 거의 없다. 따라서 IT 부서 역시 혁신적인 역량을 쌓기보다는 소극적이고 방어적인 수준에서 최소한의 서비스만 제공할 뿐이다. 조직 문화 자체가 소프트파워 보유의 니즈를 받아들일 준비가 되어 있지 않으므로 자연히 비즈니스와 IT 간의 괴리가 나타나며, 데이터 분석 무용론이 만연하고 구태의연한 경영 방식만 남는다.

한국의 대기업처럼 비대해진 조직이 문화를 바꾸고 소프트파워를 갖추기는 매우 어렵다. 아무도 쥐고 있는 권력과 돈줄을 놓아버릴 용기가 없기 때문이다. 조직 문화란 쉽게 변하지 않으며, 한두 사람이 외친다고 바뀌는 성질의 것이 아니다. 한국에는 우수한 소프트 인재가 많음에도 불구하고, 대기업 위주의 경영 환경 탓에 대부분 창의력을 억누르거나 단순한 아이디어성 모바일앱이나 게임 등을 개발하는 데 그친다.

2010년대를 넘어오면서 비즈니스의 생태가 완전히 바뀌었다. 제조업 기반의 경직된 조직에서 나온 쥐어짜는 방식의 경영이 한계를 드러냈고, 소프트파워만이 현대 글로벌 시장에서 살아남을 수 있음이 분명해졌다. 글로벌 무한 경쟁 속에서 비대하고 비효율적인 조직의 한계를 경험하고 변화와 혁신을 절실히 원하는 기업들이 늘어나고 있다.

필자는 성과를 낼 수 있는 기업을 선별해 전략에 기반한 빅데이터 분석 프로젝트를 수행했다. 많은 시행착오를 거쳐 결국에는 기업에서 경쟁력을 갖춰 성과를 내도록 구축과 실행을 이끌었다. 이 책은 이러한 필자의 경험을 집약하여 집필했으며, 빅데이터 인재들이 꼭 읽고 도움이 되었으면 하는 바람이다.

거듭 강조하지만, 빅데이터는 미래의 중요한 성장 동력이다. 한국은 IT 인프라가 매우 잘 갖춰져 있고, 창의력과 논리력을 겸비한 인재도 많다. 한류로 대표되는 문화적 자산도 있으며 국제 관계도 좋다. 구글, 아마존, 페이스북, 애플 등 글로벌 IT 기업들에 비해 환경적으로 전혀 뒤질 것이 없다. 지금은 수출 위주의 산업으로 맨손으로 경제성장을 일궈낸 한국이 유리한 위치에서 세계적 수준으로 도약할 수 있는 좋은 기회이다.

우리는 빅데이터 전쟁에서 살아남아야 한다. 필자는 탁상공론식 빅데이터 방법론이 아닌, 전쟁 현장에 바로 사용할 수 있는 실무서를 집필하려고 노력했다. 본문의 한 글자 한 글자에는 여러분의 빅데이터 분석을 성공시키고자 하는 필자의 절실한 의지가 담겨 있다. 모두가 데이터라는 넓은 광산에서 마음껏 금을 캐어 가치와 행복을 창조하는 사람이 되길 진심으로 바란다.

2015년 여름
박형준